日本のなかの中国

中島恵

日経プレミアシリーズ

プロローグ　日本にいるのに、日本語が下手になる私

最近、話すのは中国語ばかり

「すみません、僕の話していること、ちゃんと伝わっていますか。最近あまり日本語を話す機会がなくて……」

二〇二四年二月。東京都内で小さな不動産会社を営む三〇代の中国人男性と再会した。二年ほど前に取材した際、彼の日本語は非常に流暢だった。

彼は中国の高校を卒業後に来日。日本語学校や専門学校を経て、知人の不動産会社に入社、数年前に独立した。日本滞在歴は二〇年近くになる。

ところが二年ぶりに会うと、いきなり中国語で話し始めた。途中で、私が「日本人」であることを思い出したのか、「あっ、すみません」といって日本語に切り替えた。

彼は苦笑しながら、こう説明した。

「最近は、ほぼ中国語しか話していないので、日本語を忘れそうなんですよね……」

確かに、彼の日本語は「中国語的」な表現が増えて、ぎこちなく感じる。

「これまでは日本人のお客さんもいたし、銀行員や日本人の家主と相談することがあったので、日常生活で使う言葉は日本語だったんです。

でも、この一～二年、日本に住む中国人が不動産を買う機会が増え、さらに二二年の終わり頃から、中国に住む人からの問い合わせも急に増えました。日本に物件を持つ家主も中国人が多くなっています。

仕事が忙しくなって、銀行の手続きが間に合わないので、中国人の社員を採用しました。その結果、仕事のほぼすべてが中国語で事足りるようになったのです。

（日本での）友人は以前から中国人が多かったのですが、中華料理を食べに行っても、どこに行っても中国人が多く、気がついたら中国語だけで不自由なく暮らせるようになってきたんですよ。自分が変わったわけではなくて、自分を取り巻く日本の環境が変わってきたというか……。こう感じているのは私だけかなぁ……」

高田馬場駅にある中国人向け大学受験予備校の看板

日本における彼の周囲は、ほぼ中国語の世界に変わり始めていた。

来日して一年半、ほとんど日本人と接しない

同じ頃、東京・高田馬場にある中国人向け大学受験予備校と日本語学校に通う二〇歳の女性と出会った。

ＪＲ高田馬場駅に降り立つとわかるが、ホーム、構内、駅前のビルの壁面は中国人向け大学受験予備校の看板であふれている。中国人留学生がよく知る「名校志向塾」「行知学園」「青藤教育」などのほか、最近は美術や理工系に特化した予備校の看板も……。

この女性はそのうちの一つに通っている。日本のアニメやゲーム、アイドルが好きで、美術大学への進学を目指して来日。もうすぐ一年半になる。

紹介してくれた中国人教師によると、彼女は高校時代から日本語を学んでいたという。だが、日本語を話すのは不自由なようで、そのせいか少し緊張していた。

ところが、彼女に誘われた中華料理店に入ると、様子は一変。「ここは私の居場所だよ」といわんばかりの慣れた感じで店員を呼び止めると、中国語で白湯《さゆ》を注文した。中国人の中には、身体を冷やすといって、日本の飲食店で提供される冷たい水を好まない人がいるが、彼女もそうだった。その店は日本語学校の仲間とときどき訪れているそうで、店員は顔見知りだ。

彼女のSNSを見ると、中国の友人に向けて、友だちと訪れた店の料理や、漢服（現代風にアレンジした中国の伝統衣装）を着て散歩している写真をよく投稿している。たまに写り込む日本語の文字や看板などを除けば、中国国内で撮影した、といわれてもわからない。

高田馬場界隈も含め、彼女が行く飲食店のほぼすべての経営者も、店員も、中国人。友人もすべて中国人。日本語学校のクラスメートも半数が中国人だ。

「接する日本人は日本語の先生だけです。授業が終わったあと、先生と話すことはほとんどありません。日本人の友だちも一人もいません。だから、今日のように日本人（筆者）と飲食店に入ったのも初めてなんです」

たどたどしい日本語でこう語る彼女は、「日本人と二人での食事」を前に、前夜から緊張したという。日本に住みながら、日本人とほとんど接触しないことには、とくに疑問を感じてはいないようだ。

彼女は最近の中国人留学生の多くがそうであるように、日本でアルバイトはしていない。中国に住む両親が毎月、家賃（約九万五〇〇〇円）に加え、二〇万円ほど仕送りしてくれている。住むのは、日本語学校の知り合いから紹介された中国人経営のマンションで、同じフロアの住人も全員中国人だという。

週に三回、夕方から通う予備校は、教師、スタッフともに中国人で、授業も事務手続きもすべて中国語で行われる。クラスメートは全員中国人だ。予備校で使う文具やテキストも中国製で、運営も中国の学習塾のやり方を踏襲している。「だから、何の心配もありませんね」と、彼女は屈託のない笑顔で語った。

『漢亭序』で漢服をレンタルした女性の卒業式ヘアメイク（写真提供・『漢亭序』）

漢服を着て大学の卒業式に

東京・JR上野駅の近くに漢服レンタル店『漢亭序』がある。オープンしたのは二〇年一月。

「日本の女子大生は卒業式に着物（袴《はかま》）を着ますが、中国ではそうではありません。もっとさまざまな人に漢服を着て、楽しんでほしいと思ってオープンしました」と社長の紀恒氏は語る。

唐、宋、明代など、各時代によって少しずつデザインや素材が異なる漢服を五〇〇着ほど揃えた。顧客は主に一〇～二〇代の在日中国人で、その八割が留学生だという。一晩のレンタル料金は三九八〇円から一万九九八〇円までで、ヘアメイクなども行う。

「二二年頃から顧客が増え始めました。日本の大学の入学式や卒業式だけでなく、お花見、成人式、ライブ、夏祭りなどのときにレンタルする人が増えています。夏の暑い日は唐や宋代の麻や紗など風通しのよい漢服を、冬の寒い日は明代の厚手の漢服を着るなど、状況により、バリエーションも変化しています」と紀氏はいう。

中国国内で漢服ブームが起きたのもここ数年だ。最初は一部の若者がコスプレ感覚で着てSNSに投稿していたが、自国ブランドの消費を好む「国潮《グオチャオ》」により、リアルなイベントに着ていく人が増えた。中国の漢服の市場規模は二一年に一〇〇億元（約二二〇〇億円）を超えたが、そのトレンドが日本にも伝播し、在日中国人の若者の間に広まった。

同店は主に小紅書《シャオホンシュー》（RED、中国版インスタグラム）やウィーチャット（微信《ウェイシン》）などのSNSを使って宣伝している。中国から来日した観光客もたまに同店を訪れるが、基本的には在日中国人が顧客だ。

「母国語で診療してくれる病院はありがたい」

東京・大久保に「三好《みよし》医院」という、都内在住の中国人の間で有名なクリニックがある。以前、同じ場所で台湾人が病院を経営していたが、一六年から中国人の青川純子氏が院長をつとめている。

その病院の前を通りかかり、飛び込みで取材を申し込むと、副院長の青川昊《こう》太郎氏が快諾してくれた。

青川昊太郎氏の中国語名は愛新覚羅啓宇。曾祖父が清朝最後の皇帝、「ラストエンペラー」と呼ばれた溥儀に連なる血筋だという。

青川氏は中国東北部、瀋陽にある中国医科大学時代に日本語を学び、八六年に国費留学で来日した。

九〇年代に二度目の来日をして就職。妻の純子氏を呼び寄せた。純子氏は東海大学で医学を学び、日本の医師免許を取得。現在は大久保の医院のほか、娘夫婦も池袋で「三好医院」を経営している。

医院の待合い室には中国人、東南アジア系と思われる数人がいた。青川氏によると、患者の八割は近隣に住む在日中国人で、比較的若い人が多いという。

「院長が中国語でも診察するので、日本語で病状を詳しく話せない患者が大勢やってきます。中華料理店の調理師や従業員、肉体労働者、留学生などいろいろです。日本に長く住んでいても、日本語をきちんと学んだことがない人はとても多いのです。母国語で診療してもらえる病院はありがたいと喜んでもらっています」

クリニックには中国系の調剤薬局が隣接し、薬局の外には中国で有名な漢方薬、「板藍根《ばんらんげん》あります」という張り紙があった。

青川氏によると、中国人経営による病院はほかにも複数あり、近年、その数が増えているという。

なぜ、日本のグルメサイトで予約できないのか

都内ではガチ中華がブームになっている。ガチ中華とは、日本人向けにアレンジしていない本気（ガチンコ）の中華料理店という意味で、数年前から、高田馬場、新宿、池袋、上野、小岩などに増えている。

中国の有名チェーンが東京に支店をオープンするケースもあれば、在日中国人が異業種から参入するケース、日本の「経営・管理ビザ」を取得して移住してきた富裕層が、ビザを維持するために、比較的始めやすい事業として開店するケースもある。

いまや「四川風火鍋」や「羊肉の串焼き」「ザリガニ」などのメニューは珍しいものではなくなった。いずれも主なターゲットは、在日中国人だ。

二三年に私が訪ねた高田馬場の湖南料理店は、客の九割が中国人で、にぎやかな店内には中国語が飛び交っていた。顧客は二〇代、店員は三〇代が多い。内装といい、店の雰囲気といい、メニューといい、まるで中国の飲食店そのものだった。

その店を訪ねる前に、グルメサイトで検索したところ、確かに日本語の情報はあるのにネット予約はできず、電話でしか対応していないことを不思議に思った。やむを得ず電話をすると、店員は当たり前のように中国語で受け答えをした。なぜネット予約ができないのか。

店に着いてすぐその理由がわかった。中国人客は店のウィーチャットとつながっており、そこに直接予約を入れるのだ。つまり日本のグルメサイトに掲載されてはいるものの、店側もウィーチャットを使いこなせる中国人の顧客しか、ほぼ想定していないのである。電話で予約する人などほとんどいない上に、注文もすべて中国語なのだ。

中国人による中国人のための空間

コロナ禍以降、中国での生活に政治的、経済的なリスクを感じて日本に「潤《ルン》」（発音が似ている英語の run（走る）から派生して、移住、移民の意味）してきた人々の存在が大きくなっている。

前述の「経営・管理ビザ」や「ビジネスビザ」などで来日する人が多く、たいてい日本語はできない。「経営・管理ビザ」で来日した人は、二三年に約一万七八〇〇人だったが、その経済力や社会的地位などから、主に都内に住むホワイトカラーの在日中国人に影響を与え始めている。

二三年八月、高速道路が間近に見える東京・銀座一丁目の目立たない一角に、中国の独立系書店『単向街書店』の海外一号店がオープンした。中国のリベラル派で知られる著名な作家、許知遠氏が運営に携わっており、ビルの一階と二階を占める。

一階には村上春樹、東野圭吾などの小説や、安藤忠雄、隈研吾などの建築本、黒澤明、小津安二郎など映画人の本の中国語版が並んでいる。中国の有名作家の小説や古典全集、最近のベストセラー本なども揃う。見たところ、ほとんどが中国語書籍だ。

特徴的なのは、中国の書店とまったく同じ展示方法であること。ガチ中華の店内と同じく、ここが「日本」であることを、つい忘れてしまいそうになる。

この店の大きな特徴は「ただの書店ではない」という点だ。中国の独立系書店と同じく、サロン形式の講座を定期的に開催している。

らせん階段を上った二階にやや広いスペースがあり、そこに文化人や学者、ジャーナリスト、経営者、アーティストなどのゲストを呼び、講座を開く。

講師の七～八割は中国人、二～三割が日本人で、参加者のほとんどは在日中国人だ。中国から出張や旅行で来日した際に、ここで講座を開く著名人もいる。

二〇二四年二月、中国の浙江大学教授で、旅行作家でもある知人も来日し、ここで講演するというので私も参加してみた。事前予約制で、会員は無料、非会員は一〇〇〇円の受講料を支払う。しかし、マイクで話していると一階にも声が響き渡り、料金を支払わなくても講演を聞けてしまうという「ゆるさ」が、いかにも中国的だ。

講演後、交流の時間があるので、講師の「ガチ文化人」とすぐに知り合いになれる。その場でSNSでもつながれて、高尚な話題について語り合えるという、これまでの在日中国人社会ではあまり経験できなかった喜びを味わえる。

もう一軒、同様のスタイルをとるのが、東京・神保町の「すずらん通り」から裏手に入ったビルの二階にある『局外人書店』（アウトサイダー書店）。経営者は二二年に日本に移住した趙國君氏だ。

趙氏については第4章で詳述するが、中国で長く社会活動を行ってきたものの、昨今の中国情勢により、一家四人で移住を決めた。局外人書店も毎週ゲストを招聘し、講座を開いている。路面店ではないので一見の客は入りにくいが、講座が評判を呼び、経営は順調だ。

私も数回訪れたことがあるが、同書店の講座に参加した若い中国人女性が、中国のSNSに次のように綴っていた。

「書店に着き、座席に案内されるとき、先に来ていた知人が『陳〇、こっちこっち』と手招きしながら、私のフルネームを呼び捨てしたんです。来日して一〇年以上になりますが、日本企業で働いているので、いつも周囲から『陳さん』と呼ばれていて、中国式にフルネームを呼び捨てにされることはありません。

何度も呼び捨てにされて、中国のクラスメートから親しく名前を呼ばれていた当時の自分を思い出し、その響きがとても心地よく、懐かしい気持ちになりました。

日本は大好きな国なのですが、住んでいて、こういう『ホームにいるような感覚』に包まれたことは一度もなかった。

日本ではいつも日本人に合わせて礼儀正しく、周囲の人と距離をとって生活してきましたが、この書店では、肩肘張った生活から解放された気分になりました。母国語で思う存分会話ができ、知的好奇心も満たされ、文化レベルの高い友人が増える。ここが、私が求めていた癒しの場所なのだ、と感激しました」

私たちの知らない「夜の顔」「プライベートの姿」

このように、日本にいながら、ほぼ中国人だけで構成されるコミュニティは、私たち日本人が知らないうちに、ネットとリアルの双方に猛烈な勢いで広がってきている。

彼らの多くが日本企業に勤務し、私たちともある程度の接点を持っているにもかかわらず、ここ一～二年、彼らの間に起きている〝地殻変動〟に私たちはほとんど気がついていない。

仕事などで出会う彼らの「昼の顔」は知っているが、「夜の顔」や「プライベートな時間」について、中国人と結婚していない限り、ほとんど知らないのだ。

私は一八年に『日本の「中国人」社会』（日経プレミアシリーズ）という本を執筆し、日本の中に「小さな中国社会」ができていると紹介した。住民の半数以上が中国人の芝園団地（埼玉県川口市）、横浜山手中華学校（横浜市）など、比較的わかりやすい事例を取り上げた。

中国で一四〜一五年頃から爆発的に普及したSNSのウィーチャットが在日中国人社会にも浸透し、日本でもそれを駆使することにより、業界や地縁、血縁を超えたSNSグループが存在することも紹介した。

だが、今回、本書の執筆にあたり、さらに幅広く取材したところ、それは単なる情報交換の場、仲間の気軽な集いといった領域を超え、さらに劇的な進化を遂げ、彼らだけの経済圏まで作り上げていることがわかった。

また、同著を出版して六年になるが、その間、日本における中国人の「存在感」はますます大きくなっており、様変わりしたとも感じている。おそらく読者の皆さんも、日々の生活の中で薄々と、あるいはひしひしと、感じているのではないだろうか。

会社幹部や経営者が増えている

不動産不況など中国国内の景気は悪化し続けているが、その一方で、あるいはそれを理由として、中国から日本への投資は増えている。中国名を公にしていないが、中国人が所有するビル、施設は非常に多い。

さらに中国人が日本で暮らすうちに、確固たる地位を築くなど経済的に豊かになり、日本社会で重要な役割を担うまでになっている点も見逃せない。留学や仕事などの目的で来日した彼らは、一〇年、二〇年と暮らし、日本企業の幹部になる人もいれば、起業して株式上場するケースもある。

日本国籍を取得した経営者もいるため正式な統計はとれないが、在日中国人が経営する上場企業は少なくとも三〇～四〇社に上る。未上場の企業、中小企業、ベンチャーなどを含めると、いまの日本には無数の中国系企業がある。

また、中国のアリババやファーウェイ、テンセントといった大手企業の日本支社も続々と設立され、そこには多くの駐在員がおり、日本人の雇用も増やしている。

さらに、コロナ禍前の圧倒的な勢いはなくなったものの、二四年七月現在、中国からの訪日観光客数は韓国、台湾に次いで第三位となっていることも、私たちが彼らの「存在」を大きく感じる要因の一つといっていいだろう。

人口規模は山梨県や佐賀県と同じ

出入国在留管理庁の統計によると、二三年一二月末時点で、在日中国人は約八二万二〇〇〇人。山梨県や佐賀県の人口に相当し、全在日外国人の約三分の一を占める。『日本の「中国人」社会』では、一七年末の統計で約七三万人と紹介したが、この六年間で約九万二〇〇〇人増加した。

中国人の人口で最多は東京都で全体の約三分の一を占める二五万人に上る。続いて埼玉県、神奈川県、大阪府、千葉県の順。人口の半数以上が東京近郊に集中している。

一九九〇年の在日中国人は約一五万人。二〇〇〇年には約三三万五〇〇〇人と倍増し、二〇一〇年にはさらにその二倍以上の六八万七〇〇〇人に膨れ上がった。

二〇〇〇年以降、ほぼ右肩上がりで増えているが、当時、留学生として二〇代前半で来日した人は、すでに日本滞在が二〇年を超え、四〇代前後になっており、中堅社員の年齢に達している。

前述の統計では、在留資格別では「永住」が最も多く、次に多いのは一般企業の会社員が取得することが多い「技術・人文知識・国際業務」だった。「留学」は約一三万六〇〇〇人で、在日中国人の二割弱を占める。

近年増えているのは「高度専門職」(高度な知識・スキルにより日本の経済発展に貢献する外国人のための在留資格)や、「経営・管理ビザ」の取得者だ。年齢別では、二〇〜三九歳が全体の半数を占め、男女比では女性が男性よりやや多い。

こうしたデータから見えてくるのは、現在の在日中国人は、一〇年以上前に私たちがイメージしていた在日中国人とは、大きくかけ離れているという点だ。

在日中国人の実態を知り、情報をアップデートすることは、私たちが暮らす日本社会を客観的に見つめることにもつながる。日本の中国人社会は、人口増加、経済力、ＳＮＳの発達、新たに流入してきた人々の影響などにより、変貌を遂げつつある。

彼らが意識する、しないにかかわらず、日本人との接点を持たず、「中国人だけで完結する世界」で生きている人が増えている。

それは一体、何を意味するのか。人口減少が進む日本で、好むと好まざるとにかかわらず、これから外国人との共生を図っていくことになる私たち日本人は、それをどのように受け止めたらよいのだろうか。本書で可能な限り、解きほぐしていきたい。

- 名前は一部を仮名にした。
- 写真は明記したものを除き、筆者撮影。
- 為替相場は一元＝二二円（二〇二四年七月時点）に統一した。

目次

第3章　持ち込まれた中国的論理

第　1　章

日本人が知らない、中国人SNSの世界

アヒル肉やガチョウの卵がSNS通販で大人気

東京都心から自動車で約一時間半。のどかな田園地帯が広がる茨城県かすみがうら市。JR常磐線の石岡駅からも自動車で一〇分程度のところに、約五万平方メートルの面積を有す『清水エコファーム』がある。

経営者は清水勇介氏。中国名は梁勇氏という。

清水氏が二〇二三年七月にオープンしたこの農場では、中国人が大好きなアヒル、ガチョウ、ニワトリなどを飼育するほか、中国野菜の空心菜、香菜《シャンツァイ》、清水氏の出身地、武漢などでよく食べるアブラナ科の紅菜苔《ホンツァイタイ》、ヘチマ、ブルーベリー、イチジク、柑橘類など数々の野菜や果物を栽培している。

週末には、東京方面から中国人の家族連れやグループが、ハイキングやバーベキューにやってくる。

「農場の野菜や肉を使ったコース料理のほか、中国の東北料理で有名な鉄鍋炖《ティエグオドゥン》（鉄鍋で野菜や肉を煮込み、鍋の内側にトウモロコシ粉の丸いパンをはりつけて焼く鍋料理）、羊の丸焼

茨城県かすみがうら市にある清水エコファーム（写真提供：清水エコファーム）

き、熊の手の煮込みなどの特別料理もあります。

いまのところ、口コミの中国人客に限定していますが、忘年会、新年会、懇親会の要望も多く、最大一五〇人まで収容できます。茅台酒《マオタイジウ》など中国酒も各種取り揃え、中国のテレビ番組も見放題。

清水エコファームのアヒルを使った
紅焼煮込み

自然が豊かでお花見もできるので、幼いお子さんがいる方にもとても喜ばれています」

農場で生産したアヒルの肉や中華ベーコンなどの加工品、ガチョウの卵などは、中国のSNS、ウィーチャットのグループでも販売している。二つある購買者向けのグループの人数は合わせて七〇〇人。関東だけでなく、大阪など関西からも注文が入るという。

「アヒルは家庭で紅焼《ホンシャオ》（醬油や香辛料で煮込む調理方法）にして大皿に盛れば、豪華な料理になります。うちの家禽《かきん》類は平飼いし、有機野菜で育てているので、とても新鮮で美味しいと評判なんですよ」と清水氏は話す。

私も早速購入グループに加えてもらった。農場で飼われているヤギやウサギなどが元気に走り回っている様子や、広大な野菜畑、美味しそうな料理、バーベキューの写真などがときどき送られてきて、食欲をそそられる。

清水氏と共通の中国人の友人は、ガチョウの卵を送ってもらったといい、ニワトリの卵と二つ横に並べて撮った写真をSNSに投稿。濃厚な味わいだと喜んでいた。

日本人が日常的に食べないアヒル肉やガチョウの卵などの通信販売は、故郷の味が恋しい在日中国人にとって、ありがたいものだ。

支払いは日本のQRコード決済を使い、注文すれば翌日には届く。日本でもネット通販や中華食材店で簡単に購入できるようになった中国の調味料や香辛料を使えば、簡単に家庭で中華料理を楽しむことができる。

清水氏は七八年、湖北省武漢市生まれ。二〇〇〇年に来日し、横浜国立大学大学院などで学んだあと独立した。

中古機器の販売などいくつかの事業を行っていたが、たまたま現在の土地を紹介されて農場を始めることになった。当初は趣味の延長のつもりだったが、やっていくうちにどんどん農業がおもしろくなったという。

清水氏によると、中国の食材を生産する中国人経営の農場は栃木県など関東を中心に増えている。いずれも在日中国人の需要の高まりが背景にあるという。

日本のスーパーには、ほとんど行かない

そうした農場の一つで生産された野菜や烏骨鶏《うこっけい》の卵などを買っているという中国人男性から話を聞いた。

その男性は都内の大手企業に勤務しており、一家四人暮らし。東京メトロ東西線の沿線に住んでおり、友人の紹介で、行徳、南行徳、妙典という三駅限定の五〇〇人のSNSグループに加入。そこで主に肉、魚、野菜などの食材を買っており、その中に産地直送の野菜も含まれている。

「数年前、南行徳駅の近くに、中国やアジアの食品を専門に扱うスーパーができて、店舗販売だけでなく、SNSグループの通販も始めました。その店から『珍しい中国野菜が入荷しました』とか『生きたニワトリが手に入りました』などの情報がグループチャットに送られてくるので、欲しいものがあったら注文するシステムです。

注文したら、すぐに自宅まで届けてくれます。コロナ禍の際、中国では厳しい外出制限があって、個人がネットスーパーさえ利用できなかったとき、団体購入という、マンション単位でまとめ買いをするシステムが自然発生しました。それに似ています。

日本ではマンションごとで買うわけではないですが、同じ地域で同じ商品を欲しい顧客が多数いれば、店舗はまとめて仕入れるので、安く販売でき、売り上げの予測も立ちます。距離が近いので配達する側にとっても便利です」

この男性によれば、上海蟹やザリガニを好む顧客には、シーズンになると早めに仕入れの情報を提供してくれたりもするのだという。

ＳＮＳグループのメンバーは近隣に住む中国人。メンバーの紹介で、身元が確かな人しか入っていないため、トラブルなどは一切ないそうだ。

こうした中国人顧客を対象としたリアル、ネットによる食材の販売は、ここ数年、特定の沿線やエリアごとに数多く生まれている。

千葉県の郊外に住む中国人女性にこの話をすると、「私の家の近くにはそういうグループはありませんが、友人の紹介で入ったグループのメンバーから、手作り餃子を買っています。知り合いだから安心だし、日本のスーパーの餃子より断然美味しい。『牛乳と卵以外は中国人のＳＮＳグループで注文する』なんていう友人までいるほど。日本のスーパーに行くのは、足りないものを買うときくらい」だと話す。

前述の男性は続ける。

「私は五～六の購入グループに入っています。食材だけでなく、中古家具や衣服、雑貨の販売もあります。引っ越しの際には中古品を無料で引き取ってくれますね。日本にもそういうサイトがありますが、私が入っているグループは、中国人だけの顔見知りのメンバーで完結させている感じ。中国語で書き込めるし、安心感があるんです」

地域の先輩として情報提供する喜び

このようなSNSグループを東京・渋谷から横浜方面に向かう東急沿線で主宰しているのは王子明氏だ。

王氏は七七年、江蘇省出身。来日し、ある国立大学の大学院で学んだあと、コンサルティング会社を経て、日本の大手企業で働いており、中国の大学の日本校友会、在日中国人経営者のグループなど一〇近いグループに入っている。

王氏自身、長年、東急沿線に住み、地域のSNSグループを一七年頃に立ち上げた。「東急沿線の三軒茶屋、自由が丘、武蔵小杉、二子玉川、青葉台などに住む友人らと『吃《チー》』(食べる)、『喝《フー》』(飲む)、『玩《ワン》』(遊ぶ)、『楽《ラー》』(楽しむ)のコミュニティを作りたいと思いました。

私が以前上海に駐在していたこともあり、上海出身者が七割くらい。人数は五〇～六〇人ほどで、私が簡単な審査をして、参加者を決めています。誰でも入れるわけではありません。中国人のグループには利益目的で入る人もいるので、それを避ける意味もあります。最近引っ越してきた人に、東急沿線の美味しい店や、子どもの小学校情報、税金などについて教えてあげていますが、とても喜ばれています。

日本に中国人の知り合いがいても近所とは限らない。日本では地域ごとにゴミ捨てのルールや、エリアの特徴が違いますよね。簡単なことを気軽に聞ける場があるだけで、移住してきたばかりの人は安心すると思うんです。

この地域の先輩として、ボランティアで情報提供してあげるのは、誰かの役に立っている感じがして、とてもやりがいを感じます」

ある有名学習塾は、二割超が中国人子弟

こうしたSNSグループは地域を超えて、目的別にも広がっている。その中でもとくに重要なのが、子どもの教育に関する情報共有のグループだ。

中国人が教育熱心であることは日本でもよく知られている。これについても、前述の男性

が教えてくれた。

「我が家が入っているグループは『鶏娃《ジーワー》』といい、三〇〇人以上のメンバーがいます。鶏娃とは教育熱心な親という意味です。小学生から高校生くらいまでの子どもがいる保護者のグループで、子どもの勉強について情報交換をするのが目的。

チャットに書き込まれるのは、学習塾の評判や試験問題の傾向、名門校に合格した子どもの体験談など。具体的で忌憚のないコメントが多く、とても参考になります」

学習塾といえば、ＳＡＰＩＸ、早稲田アカデミー、日能研、四谷大塚などが有名だが、別の知人によれば、同じＳＡＰＩＸでも校舎によって傾向は異なるので、校舎ごとに中国人保護者のグループが存在するといっていいほどだという。それぞれグループを主宰するリーダーがいて、グループの情報チェックに一日の大半の時間を費やす母親もいるそうだ。

男性によれば、有名学習塾のほとんどに中国人の子どもが在籍しており、校舎によって、その数は全体の二割を超えることもあるという。

在日中国人のボリューム層は三〇～三九歳。子どもが小学生から中学生くらいにさしかかる年齢だ。日本人とのハーフの子どもや、日本国籍を取得して日本名を名乗っている場合もあるので、実際、その数はもっと多いかもしれない。

保護者のSNSは、中国国内と同じ構造

ほかに、インターナショナル・スクール受験専門のグループ、東京大学受験専門のグループなども存在し、複数の教育系グループに入っている人もいる。

しかし、当然ながら、日本にも多数の学習塾情報や学習マニュアルがある。とくに東京近郊は受験に熱心な家庭が増えており、一部はかなり過熱している。受験情報に特化したメディアやSNSも多数あり、ネットで簡単に探すことができる。

それなのに、なぜ中国人だけで集まってグループを作るのか。母国語の情報が便利なのはわかるが、受験する子どもの多くは、日本生まれで日本語がネイティブだ。

この男性も日本に二〇年以上住み、日本語が流暢だが、理由を次のように語る。

「日本の情報は説明が回りくどくて、わかりにくいのです。それに多くの受験情報があるといっても、それは一般的なもの。自分たちに必要な、ピンポイントの情報を取り出すのには時間がかかるのです。

塾のホームページを見ても、我が子に合うかどうかはよくわからないし、塾の説明会や学校のオープンキャンパスは、決められた日に足を運ばなければならず面倒です。その点、グループなら、説明会に参加した人の率直な感想が聞けて、プラスアルファの情報までつけ加え、分析し、写真や動画もたくさん載せてくれます。

それに、何か一つ質問を投げかければ、数分以内に先輩パパやママたちから返信がありますｏそれも一般的な回答ではなく、自分たちが欲している具体的な情報。他の人も閲覧しているので、追加情報も次々と書き込んでくれますし、誤解があればすぐ訂正してくれます。SNSの特性で、情報がだんだん深くなっていくのがありがたいですね。それを子どもにも伝えます。

子どもは勉強するだけで精一杯ですから、周辺情報を収集してあげるのは親の役目。だから、日本語の万人向けのメディアを見る必要はないのです」

これはまさに中国国内と同じSNSの使い方だといえる。マスメディアを信じず、身近で、かつ同じような境遇の人と情報を共有し、それを信じるというやり方だ。

中国では、学校のクラスごとにSNSの保護者グループがある。日本のグループは主に学校からの連絡が中心なのに対し、中国は保護者自身が活発な議論を繰り広げる。

日本のグループと違い、中国では個人の発言が多いため、ライバル意識も燃えやすく、各家庭の内情や懐事情も見え隠れする。無駄な情報も多いが、「ただ見ているだけ」で、何かを投稿しなくても得るものがある。

中国で二一年に発表された「共同富裕」（ともに豊かになる、という政策）の影響で、小中学生の宿題の分量は制限され、一時は塾に通うこと自体も難しくなった。

だが、数カ月後には、看板を出さない形で密かに塾は復活、再び家庭教師を雇い始めた人が多い。保護者はクラスや塾のグループで情報を交換し、ときには宿題や課題にもつき合って、子どもと一緒に問題を解いている。

こうした中国式のスタイルを在日中国人の教育パパやママも踏襲し、日夜、子どもの受験勉強につき合っているのだ。

「誰でも、すぐに一〇〇人くらい集められる」

「業界」ごとの勉強会グループも多数ある。二四年春まで都内の生命保険会社に勤務し、その後独立した張鴻志氏に会った際、教えてくれたのは金融業界のグループだ。

張氏は八三年、山東省生まれ。〇三年に来日し、大分県の立命館アジア太平洋大学で学び、東京で就職。市場運用部でストラテジストとして働いた。

張氏いわく「一口に金融業界といっても、担当ごとに業務が分かれているので、業界のすべてに精通しているわけではなく、業界全体を学ぶには、ネットや書籍などを利用するしかありません。そこで知人から紹介されて、勉強会に入ったのです」

メンバーは約四五〇人で、年齢は二〇代から六〇代だという。

「都内の損害保険、生命保険、銀行、証券業界に勤務する中国人の有志が集まっています。金融は高い専門性が求められ、損保の人は損保のことしかわからない。同じ金融業界とはいえ、違いも多いので、こういうグループは助かりました。

あるときは日比谷の会議室を借りて、二十数人が参加するリアルの勉強会を開催しました。講師はメンバーで参加費は無料。ＳＮＳで知り合った人に直接質問もできますし、日本企業でのふだんの業務に役立ちました」（張氏）

張氏はいう。

「中国人だけで集まろうという閉鎖的な意識ではなく、母国語で気軽に質問できる場所があれば便利、というニーズが背景にあります。子どもの教育グループもそうですが、ニーズがあるから、業界や年齢を超えて、同じ目的を持つ人が集まってくるという感じですね。

いまウィーチャットでグループを作ろうとしたら、誰でもすぐに一〇〇人くらいは集められます。ニーズを前提としているので、転職などでそのニーズがなくなったら、グループから退出すればいい。出入りは自由です。

日本人は学閥や上下関係をかなり重視しますが、中国人はあまり気にしません。同窓のよしみというのはもちろんありますが、年齢が違っても、気軽に何でも聞けるアットホームな雰囲気。

業界のつながりもそうです。日本と違い、中国は各業界の伝統や系列が確立される前にネットが発達したので、系列を優先しなければならないとか、先輩に挨拶しなければいけないといったもの（しきたり）はあまりない。中国国内と同じで、ＳＮＳの発達が早かったから、こういうスタイルが出来上がったともいえます」

世界五〇カ国の中国人女性文学者がつながる

アマチュアとプロの女性文学者が集う『日本華文女性作家協会』というグループもある。一九年に設立され、メンバーは九〇人弱で、東京、静岡、長野、愛知、京都、大阪など全国に住み、ふだんはグループチャットでやりとりしている。

詩人、エッセイスト、小説家、翻訳家、ジャーナリストとして中国語で書籍を出版する作家や、本業を持ちながら趣味で文章を書いているメンバーもいる。

同協会の会長をつとめる和富弥生氏は日本滞在四〇年。山東省出身。留学で来日後、日本人と結婚し、大学で教鞭をとったり、子育てをしたりしながら、詩や散文、エッセイなどを多数執筆、出版してきた。

「メンバーの紹介などで徐々に会員が増えていきました。ある課題について各自が文章を書き、発表し合ったり、メンバーが世界中の中国語メディアに寄稿した文章をシェアして、批評し合ったりします。私も二三年に、中国で散文集『桂花之下』を出版した際、東京・虎ノ門にある中国文化センターで、在日中国系メディアやグループメンバーの前で発表会を行いました。

日本の協会は設立してまだ数年しか経っていませんが、世界華文文学学会は一六年から組織化されています。二年に一度、世界大会があり、一六年には広州で、一八年には北京の釣魚台国賓館で盛大に行われました」（和富氏）

二三年は世界各地の作家が一部の代表を招聘し、中国の青海省や甘粛省などを見学。和富氏も参加した。

「目的は各国に移民した作家たちと交流したり、議論したりすることで、大きな刺激になりました。二三年一一月、江蘇省の師範大学内に、世界華文文学研究センターが設立された際も国際シンポジウムが行われ、私も行ってきました。

アメリカやイギリスなど主要国だけでなく、世界五〇カ国・地域に中国人女性文学者のSNSグループが設立されていて、活発に活動していることに驚きました。ヨーロッパの小さな国にもいます。

SNSだけでなく、直接交流する場も増えていて、たとえばアメリカの中国人作家が来日するという情報が入れば、それをグループチャットで伝え、東京で歓迎会や講演会をセッティングします。

逆に私たちが世界各地に行けば、歓迎してくれます。ＳＮＳのグループがあることで、日本国内の中国人作家同士がつながりを持てるだけでなく、世界中の中国人作家ともつながれる、すごい時代になったと感じています」（和富氏）

能登半島地震でボランティア活動

在日中国人の困りごとの解決をメインとするボランティアグループもある。『龍在日華人援助協会』（龍チャリティー協会）だ。

二〇二四年一月一日に石川県能登半島で発生した大地震のあと、同協会の有志は一月中旬、石川県珠洲《すず》市などで活動を行った。代表の劉勇氏はいう。

「地震の一報を聞き、すぐに支援したいと行動に移しました。まず輪島市文化会館にミネラルウォーターや粉ミルク、おむつなど約二〇〇万円分の物資を送りました。

次に地元の方々と相談し、『空飛ぶ捜索医療団』（民間の災害支援組織）と、珠洲市役所や地元の小中学校などで炊き出しを行いました。

作ったのは豚骨ラーメンや水餃子。メンバーに元ラーメン店の店主がいたので本格的です。被災者の方々からは『ありがとう』『スープで身体が温まった』など感謝の言葉をいただきました。中にはわざわざ水餃子の炊き出しの場所を探して来てくれた方もいて、逆にこちらのほうが感謝の気持ちで胸がいっぱいになりました」

経験のない人が被災地にすぐに入るのは、ときに地元の迷惑になるが、同協会はこれまでに何度も被災地でボランティア活動を行ってきた経験がある。ＳＮＳグループで第一報を送ってボランティアを募り、必要な物資は何か、どこに、どのように連絡をとったらいいかを見極めている。

急増するのは高齢者問題と詐欺事件

劉氏は八一年、黒竜江省生まれ。〇五年に来日後、さまざまな職業を経験し、現在は不動産業などを営んでいる。生活に余裕ができてからは、中国で幼い頃に大病を患って多くの人に助けてもらったことを思い出し、日本でも誰かの役に立ちたいと考えるようになった。

八二万人以上も在日中国人がいて、経済的に豊かな人もいる反面、そうではない人も多い。日本語が不自由で、日常生活に困っている人が多いことを知った。

「お金で解決できる人はいいが、そうではない人をもっと助けたい」という思いにかられた。来日して以降、日本で在日中国人の悪いイメージが定着していることも知り、「こういうこと（ボランティア活動）をやっている中国人もいるよ、と日本人に知ってほしい気持ちも強くなった」と劉氏はいう。

一九年頃から活動を開始し、二一年に社団法人を設立した。メンバーは約六五〇人で、会社経営者、個人事業主、会社員、主婦、留学生などで構成されている。

二一年に静岡県熱海市伊豆山で発生した土石流災害や、千葉県松戸市で中国人の女児が行方不明になったときなど、夜を徹して捜索活動を行った。

新型コロナが流行したときは、日本語ができない中国人のオンライン診療を手伝い、マスクを配布した。援助するのは中国人、日本人に限らず、国籍は問わない。

最近、SNSで助けを求められることが多くなったのは、行方不明になった高齢者の捜索だ。在日中国人の高齢者が外出し、帰宅できなくなるケースが増えている。

中国人は子育てを両親に手伝ってもらうことが多く、中国から日本に両親を呼び寄せる習慣がある。しかし、両親は日本語ができない上に土地勘もなく、外出したあと、帰り道がわからなくなってしまうことがあるという。中には認知症を患っている場合もある。

また、こんな事件もあった。中国から一人で来日した高齢者が、成田空港に到着後、倒れてしまい、同協会にＳＯＳの連絡が入った。カナダから日本経由で中国に帰る高齢者が成田空港で急病になり、身寄りがないので彼らが支援したこともある。

劉氏とともに活動する池師文氏は、「在日中国人の数が増え、中国とＳＮＳでつながりやすくなり、簡単に日本に来られることなどが背景となって、新たな問題が増えています」と指摘する。メンタル面で問題を抱える留学生も以前より多いという。

中でも、とくに問題になっているのは特殊詐欺事件だ。電話で中国の公安や大使館員などとかたり、「逮捕」や「強制送還」などの言葉をちらつかせながら金銭をだまし取る手口だ。

「日本に住む子どもが詐欺に巻き込まれている、と伝えられた中国に住む親が私たちに助けを求めてくることもあります。こうしたときは、日本の警察とも連絡をとり合い、ときには深夜、早朝に電話で、私たちが通訳することもあります」と池氏はいう。

日本の警察も中国語ができない人がほとんどで、救けようにもできないことがあるが、駐日中国大使館や各地の領事館も手が足りない。そのため、「自分たちが必要とされていると感じます。今後も活動を続けていきたい」と劉氏は語る。

もうSNSのない環境には戻れない

このように、在日中国人はさまざまな活動を行っているが、ウィーチャットは基本的に直接つながっている人にしか見えないクローズドな仕組みだ。また、在日中国人が見ているのは中国の国営メディア、ウェイボー（微博）などのSNS、友人のSNS、在日中国系メディアが中心だ。彼らが日本メディアに情報を提供することは、取材を受けない限りない。日本で在日中国人が話題になるのは彼らに関する事件や事故などが起きたときのみだ。

そのため一般の日本人には、彼らがどのようなSNSグループを作り、そこで日夜どのような会話を交わしているか、何に関心を持って生活しているのかを知る機会は非常に少ない。たとえ日本人と結婚したり、日本企業に勤務したりしていても、同じメディアを見ていない限り、自分の配偶者や同僚が友人とどんなコミュニティを築き、どんなやりとりをしているのか、知らない人が多いのだ。

私自身は数年前から取材を通して親しい中国人が増え、参加するグループが増えた。だが、日常の延長なので、一つひとつの内容は正確に覚えていない。注意深く見ていなければ、そこで交わされるやりとりが、在日中国人社会のどんな傾向を示しているのかわかりにくい。

そのため、私は個人的につながっている中国人（約四五〇人）のSNSと、自分が入っているニ〇以上のグループの内容を、二三年の年末から二四年の春節にかけて約二カ月間、意識的に観察してみることにした。すると、彼らがSNSとリアルで、いかに活発に動いているのかがよくわかった。

たとえば、ある中国系企業に勤務する女性は一二月中旬から年末まで、ほぼ毎日、在日中国人が主催する忘年会やパーティーに参加していた。都内で働く中国人女性のグループの忘年会、大学の同窓生グループの食事会などリアルの行事が多いが、むろん告知と出欠連絡はすべてSNSで行われる。

例年、春節の時期には、最も規模が大きい在日中国人団体のパーティーが都内のホテルで開催されるが、それには私の知人、十数人が出席していた。

近年は、中国に住む中国人も、世界に住む親戚や友人が増えたので、新暦の新年も祝うようになった。それは在日中国人も同様だが、コロナ禍が落ち着いて以降は、逆に春節の盛大なお祝いが復活した。そのため、同日のダブル・ブッキングも多く、忘年会の「はしご」をする人も多かった。

こうした行事の多さは、都内に住む一部のホワイトカラーの人々が、経済的に豊かになり、仕事だけでなく、趣味やプライベートなど横のつながりが増えたことも関係している。行事ではリアルに顔を合わせるが、終了後は、またSNSでその写真や動画をシェアし、次の行事の企画へと話題が移り変わっていく。自分のSNSだけでなく、グループにも同様の内容がシェアされるので、投稿量は半端なく多い。

二〜三日グループチャットを覗かないでいると、二〇〇件、三〇〇件の新規投稿やコメントが未読のまま積み重ねられていて、とても追いつかない。

中国人に聞くと、「忙しいから、自分に関係のあるときしか見ない」という人もいるが、地縁、血縁、同窓などの枠を超えた中国人同士のつながりが増え、その連絡で人間関係がつながっているため、見ないわけにはいかない。見なければコミュニティから脱落してしまうし、重要な情報を見逃してしまうかもしれないからだ。そのため、ＳＮＳのない世界にはもう戻れない状況となっている。

こうしたＳＮＳによるつながりは仕事にも広がっている。日本人が意識していないところで、在日中国人の経済圏、経済ネットワークがすでに構築されている。次章では、その具体的な事例を紹介しよう。

第　2　章

中国人だけで回す
経済ネットワーク

日本企業で働く中国人が増えた三つの理由

都内のテック企業「GAテクノロジーズ」に二〇二三年九月に転職し、傘下企業で不動産をマッチングする「神居秒算《しんきょびょうさん》」の執行役員COOに就任した楊嵘氏と私は一〇年以上のつき合いだ。楊氏は八九年、福建省生まれ。〇九年に来日、日本の大学に在学中に、友人の紹介で知り合った。

大学卒業後、楊氏はヤフー・ジャパン（現LINEヤフー）に入社。「最初からやりたかった」という広告営業を担当した。転職してKADOKAWAグローバル・マーケティングの常務を経て、GAテクノロジーズにヘッドハンティングされた。奇しくも中国の政治リスクなどの要因から、日本に移住する中国人が増え始め、不動産業界が注目を浴びていた時期。楊氏は「新しいことに挑戦したい」と業界に飛び込んだ。

日本の大学在学中からウェイボーを始め、SNSの黎明期に、日本の情報を中国人にいち早く発信して注目を集めた。日中のインターネット、メディア、広告業界に詳しく、その明るい性格から顔が広い楊氏には、同世代（三〇代）を中心に異業種で働く在日中国人の友人が大勢いる。

楊氏によれば、ここ数年、東京を中心に、欧米系、中国系、日本の大手企業で働く二〇～三〇代の中国人が急速に増え、年収も約一五〇〇万～三〇〇〇万円に上る。ホームパーティーなどで彼らと話す機会がある楊氏は「彼らのような人材が活躍できるようになった日本は、だいぶ変わってきたと感じます。自分もよい刺激をもらって、もっとがんばろうというファイトが沸いてきます」と話す。

楊氏の考えでは、日本の企業で働く中国人が増えた理由は三つあるそうだ。

一つ目は日本企業がグローバル化し、多様な人材が必要になったこと、二つ目は彼らが優秀で、採用に足る人材であること、三つ目は、若い人材を登用したいという企業側のニーズと合致していることだ。

「知り合いによれば、かつての中国人留学生は大学の専攻とマッチしない業種へのビザの切り替えが難しく、日本に残りたくても、日本企業に就職しづらかったそうです。たとえば文学部出身で日本企業のＳＥ（システムエンジニア）の職には就きにくかったとか。それが、ここ十数年、大手企業はどこも『グローバル採用』が当たり前になり、中国人も含め、留学生にも積極的に門戸を開くようになりました。

そして、中国人が活躍できる部署が国際や貿易分野などに限らなくなってきたこともあります。日本の労働力不足も大きく関係しているとは思いますが、いまでは『あなたは中国人だから採用しない』なんていう会社はほとんど皆無でしょう」（楊氏）

さらに、楊氏はここ数年の傾向として、周囲の在日中国人が次々と独立、起業していると指摘する。

「やはり中国人は雇われるより、自分で事業をやりたい独立心旺盛な人が多い。メディアでは不動産業界が注目されていますが、建築・リフォーム、飲食、美容整形、ネット通販、中古車販売、自動車修理などの業種に、とくに中国系企業が多いと感じます。

これらの業界には、高度な日本語力を必要としない仕事もあります。顧客も日本人だけでなく、在日中国人、中国から来る中国人を想定していて、日本にいながら、中国人だけで回る経済圏、ビジネス・ネットワークが出来上がってきたようです」

「スーツを着て面接に来る人は初めてだ」

楊氏の話を聞き、私は建築・リフォーム事業などを手掛ける『三栄グローバル』取締役の周勇強氏を訪ねた。

東京のJR山手線、西日暮里駅の近くに事務所を構える周氏は八五年、福建省生まれ。楊氏とは同郷で、友人でもある。のちにも紹介するが、中国南部、沿海部の福建省は華僑を最も多く輩出しており、いまも海外に出ていく人材が多い。本書の取材でも、福建省出身者は多かった。

周氏は高校卒業後、中国の大学に入学したものの、幼い頃からアニメ『スラムダンク』に憧れ、来日して日本の大学を目指した。

「両親は半年分の学費だけ払ってくれたので、あとは自分で何とかしないといけないと、飲食店やコンビニでアルバイトをしました。最初は私立大学に入りましたが、学費の支払いが困難になり、国立の千葉大学工学部に入り直しました」（周氏）

大学卒業後、静岡県で親戚が営む飲食店を手伝ったとき、東京から店に来ていた中国人の内装業者の会話が聞こえてきた。ちょうど東京オリンピックの開催が決まった時期で、景気のいい話をしている。周氏は興味を持ち、早速行動に移した。

「東京に戻って内装関係の会社を探しました。スーツを着て面接に行くと、『内装会社にスーツを着て面接に来る人なんて初めてだよ』と日本人の社長にいわれて、そういうものかとびっくりしました。

内装業界は学歴がなくても入りやすく競争が激しいのですが、業界の明確なルールはなく、親方によってやり方がバラバラ。私にもチャンスがあると思いました。

社長は私のやる気を認めてくれ、将来独立したいという夢も応援してくれました。この会社で最初は現場管理と実技を学びました。業界には『軽天屋』（軽量鉄骨の職人）、『水道屋』『電気屋』などと呼ばれる分野があるのですが、私は『軽天屋』から始め、すべての業務をこなせるようになりました」

その後、もとの内装会社との関係は保ちつつ、以前から貿易業のため立ち上げていた『三栄グローバル』の仕事も兼業した。内装の営業、工事などを中心に、徐々に不動産など事業を拡大、横浜方面で複数の整体店も経営している。

仕入れ先、作業、顧客のすべてが中国人

周氏が営む内装業の顧客は、知人の口コミなどで自然と増えていったという。

「在日中国人が不動産を買い、その内装を依頼してくれるようになりました。当社は中国人社員が多いので、中国人顧客の好み、要望に応えられます。

中国国内では基本的にマンションはスケルトンでの販売。内装や照明などはすべて顧客が手配します。日本では顧客が手配する必要はないのですが、中国のように自分好みに変えたいというお客さんも多い。そこに需要がありました。

管理組合に申請すれば内装を自由に変えられるマンションもあって、その申請も私たちが代行します。私自身が好きな間接照明を提案したり、お客さんの希望によって室内に映画観賞などで使うプロジェクターを設置したり、臨機応変に対応しています」

現在は顧客の七割が中国人となった。仕事が増えるにつれ、内装業の仲間の紹介で、壁紙などの資材も在日中国人が経営する問屋から仕入れるようになった。その結果、仕入れ先、内装作業、顧客、すべてが中国人となっている。

最近、日本にやってきた富裕層は民宿や飲食店の経営にも乗り出しており、周氏はそのサポートも担っている。

「あるお客さんが神奈川県鎌倉市の海岸線の近くに約三億円で民泊用の不動産を購入したので、内装などをお手伝いしました。その宿泊客も中国人観光客です。

富裕層が飲食店を開業する場合、内装だけでなく、店内の設計、看板のデザインなども私たちが行います。都心のある焼き肉店では、中国で流行している動画が流れる看板を設置しました。飲食店の顧客は日本人も多いため、日本人の好みなども伝えています」と周氏は語る。

内装業者はもともと中国人が多く、中国人顧客の需要もあるので、当然、業界に参入しようとする中国人は数多い。

周氏は「東京で内装全般を行う中国系の会社は、私が知る限りで七～八社はあります。ライバル関係ですが、コロナ禍など、大変なときには助け合いました。ロシアとウクライナの戦争の影響で、世界的に木材が不足していますが、そこでも融通し合ったりして、常に情報交換しています」という。

コロナ禍のとき、周氏が手掛けるようになったのが顔認証システムの設置だ。顔認証は日本より中国で先に取り入れられ、企業やホテル、学校、商業施設などさまざまな場所で使われている。

同社が設置している顔認証システムもまた、都内にある中国人の企業『天時情報システム』が開発している。周氏の友人が同社に勤めていたことから、周氏と社長が知り合い、仕事に結びついたという。

「中国系企業の役割」とは何か

東京・中央区にある『天時情報システム』の社長、武藤理恵氏は黒竜江省ハルビン市生まれ。黒竜江大学でコンピュータを学んだのち、九六年に来日。ＩＴ企業でプログラマーとして働き、一〇年後の〇六年、自身で会社を立ち上げた。

同社の柱となる事業は、顧客にＳＥの技術などを提供するシステムエンジニアリングサービス（ＳＥＳ）。社員は約一三〇人で、八割が中国人だ。日本に在住していたり、中国から直接採用したりしたＳＥが在籍している。

同社が一九年から手掛けているのが顔認証システム事業だ。きっかけは、武藤氏が一八年に中国・深圳に出張し、テンセント、ファーウェイなどの大手企業を見学して、最新の技術を目の当たりにしたことだった。

「日本に長く住み、『中国は遅れている』というイメージが頭にあったので、その発展ぶりに衝撃を受けました。同時に、発展した母国を誇りに思いました。もともと来日したのは、日本で最新の技術を勉強したい、いつか中国に帰って貢献したいと思ったからでしたが、日本よりも進んでいる技術が中国にあるなら、それを日本に導入したいという思いにかられました」（武藤氏）

そこで開発したのが顔認証システムだ。当時、日本で導入している企業は少なかったが、調査の結果、今後、日本でも需要が拡大すると判断。中国でOEM製造し、販売を開始した。

販売先はゼネコンなどの一般企業やマンション、スポーツジム、シェアオフィス、ホテル、物流倉庫、工事現場の事務所などだ。設置工事は、周氏の『三栄グローバル』のような中国系企業が行う。

日本の工事現場はアルバイトが多く、日々、現場が異なる場合がある。現場事務所に入る際、紙に印刷したQRコードは紛失リスクがあるが、顔認証なら心配はない。

武藤氏によると、顔認証システムはなりすましを防止でき、入館証の発行や管理が不要、非接触のため衛生的にも安心で、認証スピードが〇・五秒と速い点など利点が多い。コロナ禍では、認証と同時に検温もできる点が顧客に喜ばれ、急速に需要が増えた。武藤氏はいう。

「勤怠管理もでき、イベント会場などでも利用できます。中小企業はまだ紙での管理が多いですが、これから確実に利用者が増えていくと思います」

同社は、中国ではかなり定着している清掃ロボットなども日本企業に販売している。

「人手不足が深刻化し、清掃や介護用のロボットが必要とされる時代になります。日本市場でも活用できることがたくさんあるので、中国のいいものはもっと日本に取り入れたい。そこに、私たち中国系企業の役割もあると思います」（武藤氏）

最初から最後まで中国人で回るビジネス

これらのように、中国系だけで「経済圏」を形成している一つがインバウンド事業、とくに団体旅行客の訪日旅行だ。団体旅行の場合、中国の旅行会社で手続きして来日するが、日本到着後、受け入れるのは中国系旅行会社であることがほとんどだ。

中国で団体旅行を実施できる旅行会社は政府の認証が必要で、その旅行会社は、日本の中国系旅行会社と契約している。

一五年の「爆買い」ブームの頃、私は福岡県の箱崎埠頭に到着するクルーズ船の取材をした。約五〇〇〇人の乗客の九割が中国人で、彼らが分乗する観光バスのガイドも全員中国人だった。

九州北部の三県から集められた、三〇台以上はあろうかという大型観光バスの運転手は日本人だったが、案内するのは中国系の免税大手『ラオックス』や、中国人経営の土産物店などで、対応する販売員もほぼ中国人だった。

個人客の場合は、友人のSNSなどを見て自分で観光地を探す。彼らは情報収集力があり、中国人の店員がいない店にも行くが、それでも空港などでは利便性と時間の節約を考えて、中国人運転手の違法な白タクを利用することもある。

ウィーチャットで送迎の依頼を受け、中国の決済機能、ウィーチャットペイで支払う。日本のシステムを利用しないため発覚しにくく、摘発が難しいといわれている。

こうした一連の流れを中国語では「一条龍《イーティアオロン》」（一匹の龍）と表現する。「中国式エコシステム」ともいい換えられるが、最初から最後まで首尾一貫して中国人だけで回る経済圏になっているという意味だ。日本の観光地やホテルを巡り、日本にお金は落ちているものの、関連ビジネスはほとんど中国系企業、中国人で占められている。ハードは日本だが、ソフトは中国人だ。

「中国人は中国人に気をつけろ」

この点について、ある在日中国人経営者に話すと、「日本で行われる経済活動なので、当然日本社会、日本企業も恩恵を受けています。中国人だけが儲かっているわけではありません。日本人は、中国人のおかげで儲かっていると大きな声でいわないだけです」と語るが、ある不動産会社で働く中国人男性は、次のように指摘する。
「顧客も中国人だし、競合（ライバル）も中国人です。でも、マーケットが大きいのでバッティングすることは思ったほど多くありません。それぞれの特徴により棲み分けがある程度できています。それに、これからもっと中国から移住してくる人が増えることを考えると、中国人目当ての不動産市場が拡大していくのは自然な流れ。日本の不動産価格を中国人が押し上げているというのも、その通りだと思います。

日本に留学したい中国人が多く、需要が見込めることから、高田馬場にいくつもの大学受験予備校ができました。当初は一～二校でしたが、その社員が独立して新しい予備校を作り、増えていったのです。予備校の運営に高度な技術やノウハウはあまり必要ありませんから、彼らは仕事を覚えたら、すぐに独立します。このようにして、「ある業界」にどんどん中国人が増えていくという構図です。

ただし、最近、在日中国人の間では、『中国人は中国人に気をつけろ』という話もよく聞きます。取引先に中国人社員が増えて、中には『こういう便宜を図るので、会社にバレないようにこっそりリベートをください』とささやく人もいます。取引先に引き抜かれることもよくあります。この前までA社にいた人が、今度は同業のB社に、なんていうことも……。しかも何の挨拶もない。

　経営者としては、『中国式エコシステム』ができ上がっていることで、話が早い、融通が利くといった利点がある反面、悪だくみをする中国のやり方をそのまま日本に持ち込むなど弊害もあります」

ネット通販は「安さ」で勝負する

　私は東京・浅草橋にあるネット通販企業、『一木《いちぼく》』をたずねた。

　CEOの王玉林氏は八七年、山東省出身。大学を卒業後、北京の日系企業でIT関係の仕事をしていたが、「私は北京出身ではないし、北京の不動産があまりにも高くなりすぎて、とても購入できそうもない。でも、東京ならば暮らしやすそう」と考えて、三年くらい働いて帰るくらいの軽い気持ちで、一四年に来日した。

　東京では楽天に勤務し、ネット関係の仕事をしていたが、「会社員では先が見える。独立してみよう」と思い立った。

起業したのは二〇年八月。社名は「初心を忘れない」という意味を込めて名づけた我が子の名前からとった。社員は二四年二月現在三五人、うち三一人が中国人だ。

「スマホのクリアケースなどから販売を開始しました。コロナ禍だったのでポスト投函が可能で、できるだけ軽くて薄い商品を、と考えたのですが、順調に売り上げが伸びたので、軽量の折り畳み傘、首につけて体温を下げるクールリング、フェイスマスク、マフラー、夏季と冬季の季節商品などを仕入れて売るようになりました。二三年の取り扱い商品は約七〇〇種類に上ります。

商品の八割は中国製で、二割が日本製です。日本人のネット通販会社は、健康食品や化粧品、飲料、タオル、生花など、特定の商品を販売することが多いのですが、当社はいろいろな商品を扱っています。とにかく市場価格より安いのが特徴であり、強みだと思っています」（王氏）

安い理由は中国に大量発注できるからだ。中国の人件費はかつてより高くなったが、ＡＩなどの技術を駆使することでコストをかなり抑えられる。同社の商品は日本企業の同様の商品と比べて半額くらいのこともあり、競争力が高い、と王氏は考えている。

王氏によると、日本のネット通販企業に中国系が多いのも、その安さからだという。
「中国はネット通販が充実しているので、人々は小売店よりネットで購入することが多い。中国では、もともと価格を抑えて販売していた実績があったので、日本でも同じやり方（通販）をしようと考える人が多いのだと思います」（王氏）
出店先は楽天市場に絞り、顧客の九九％は楽天を利用する日本人客だという。顧客が中国人というわけではないが、ライバルは中国系のネット通販企業だ。

ライバルと「協力」する利点

しかし、王氏は、「ライバルとはいい関係を保っている」と話す。その理由は、互いに協力することで市場を拡大させ、売り上げを伸ばせるからだという。

「うちの看板ヒット商品の一つ、クールリングは、夏に一日一万本ほど売れることがありますが、日本での市場シェアを一社で上げるのは、消費者の動きに気づきにくい側面があり難しい。でも同業数社で販売すると、市場シェアを上げやすくなります。

たとえば、うちは無地でA社は柄ものなど、数社が同時に同じ商品を販売すれば、消費者の認識が上がり、市場が広がる。その結果、うちもA社も両方とも発注数が増えて、売り上げがアップします。これまで以上に販売しやすい環境を作ることができるのです。発注数が増えてくると、工場での生産コストもさらに安く抑えられるようになり、商品ももっと安く販売できるという好循環につながります」

他社が市場調査済みの新商品を紹介してくれることもある。その場合、「自社で独自に調査するコストを削減でき、すぐに販売を開始できるので助かる」と王氏はいう。

「たとえば、同じ町にコンビニAとコンビニBがあったら、顧客の取り合いになりますが、ネット販売の場合は国単位の競争です。中国で安く生産し、それを日本で販売するという『共通の目的』がありますから、情報を共有し、一緒に戦い、日本で市場をとっていくことが必要になります。そのため、当社と企業文化が合う会社、共感できる社長とつき合い、常に情報交換するようにしています」（王氏）

ネット通販企業の場合、中国人が中国人に販売するという循環形態ではなく、中国系企業が連携して日本市場でシェアをとっていく形態になるということだ。これも一つの中国式エコシステムの形といっていいだろう。

同社はこのような考えで順調に売り上げを伸ばしてきた。会社設立から四年、二三年の売上高は一五億円を超えた。さらに伸ばしていきたいが、問題は人材の確保だ。

「中国側とのコンタクトも必要なので、中国的なものの考え方が必要ですが、日本人に販売するので、日本人の生活習慣や好みも熟知する必要があります。もちろん、ネットの知識も求められます。

中国人でも日本人でも、単に双方の言葉を話せればいいというわけではない。中国と日本の両方の事情に精通した人材というと、かなり難しいです」と王氏。

王氏とともに働く取締役の劉蓉氏も同意する。王氏より年下の劉氏は黒竜江省出身。先に家族が日本に働きに来ていて、中学二年生のとき、自身も来日した。日本で中学の後半、高校、大学を過ごしたので日本語も流暢。バイリンガルである上、日中双方の考え方もよく理解できる貴重な人材だ。こうした社員が会社を支えている。

王氏に今後の目標を聞くと、五～一〇年後を目指して株式上場すること、また、日本市場が先細ることを踏まえ、日本の本社は情報分析の拠点として、将来は欧米や中国での販売も目指していくつもりだと話してくれた。

東京に集結する芸術家のネットワーク

一方、音楽など文化面でも、日本には在日中国人ネットワークが形成されている。それを可能にしたのは、日本が、「中国文化への需要が最もある国」だからだ。どういうことなのか。

二三年一二月、東京・お茶の水にある明治大学駿河台キャンパスで行われた国際理解イベント『京劇の世界』を見に行った。明治大学国際連携本部が主催し、学生や社会人を対象に、京劇などの舞台上演を行うものだった。

出演者は十数名。明治大学法学部兼任講師の魯大鳴氏が中心となり、プログラムが組まれた。京劇、雑技《ざつぎ》（皿回し、壺回し、輪くぐり、椅子の倒立）、民族楽器（横笛、二胡《にこ》）、変面（中国の伝統芸能で、手や扇子で顔をかざした瞬間、お面が一瞬で変わる芸）など演目は一〇以上。無料の講座なのに、二時間では終わりそうもないプログラムの充実ぶりに驚いたが、内容のレベルも非常に高かった。

出演者は皆プロで全員中国人。江沢民元国家主席の前で演奏したことがあるという二胡奏

明治大学駿河台キャンパスで行われたイベント『京劇の世界』。左端が魯氏

者や、『オフィス神技』という雑技を専門に行う都内の企業のメンバーもいた。このイベントを観れば、トータルで中国の芸術、芸能の一端を理解できる。これだけ芸術の才能がある人々が東京に住み、こんなプログラムを構成できることに驚いた。私は同イベントを組織した魯氏に話を聞きに行った。

「背景にあるのは、日本の文化レベルの高さ」

魯大鳴氏は五八年、北京市生まれ。小学生のとき、「声がいい」と褒められたことがきっかけで京劇俳優を目指し、北京戯曲学校に入学した。卒業後、伝統ある北京風雷京劇団に入り、京劇俳優としての道を歩み始めた。魯氏は当時を振り返る。

「劇団では毎日午前中に練習を行い、夜に公演を行っていました。午後の空き時間に何かやってみようと思い、新聞で見つけた日本語講座で勉強を始めました。

八〇年代のある日、私がよく出演していた北京の長安劇場に日本人の団体観光客がやってきました。日本語ができる中国人ガイドが一緒で、舞台裏でメイクや小道具などを見るツアーだったのですが、ガイドも専門的な京劇用語の日本語はわからない。

私もまだ挨拶くらいしかできず、説明できなかったのですが、そのときの日本人の興味津々な様子、キラキラとした目の輝きが強く印象に残って、彼らはこんなにも京劇に関心があるのか、と思いました。そして、私はもっと日本語を勉強したい、そして、いつか日本語で彼らに京劇を説明したい、と思いました」

八七年に来日。まず日本語学校に通い、デザインの専門学校や大学に進学した。それから都内で京劇教室や中国語教室を始めた。不安はあったが、区役所などでチラシ配りに奔走。するとある日本人のおばあさんが最初の生徒になってくれた。それから徐々に近所の人々が集まってくるようになったという。

「驚いたのは、日本の中高年の人々は、中国の『三国志』『水滸伝』といった古典を本当によく知っていることでした。そうした人々を中心に教室をやっているうちに、明治大学から講師にならないかと声を掛けていただき、大学で中国文化や京劇も教えるようになりました」（魯氏）

魯氏は京劇俳優としてかなり早く来日したが、その後も来日者が増え、魯氏の話では、東京だけでも現在二〇〜三〇人の中国人京劇俳優がいるそうだ。そのうち専業は十数人おり、日本唯一の京劇団『新潮劇院』もある。『新潮劇院』は東京・世田谷区を拠点として、中国人だけでなく、日本人の京劇俳優も在籍している。全国の劇場のほか、福祉施設、学校などで公演を行っている。

魯氏自身も大学で教鞭をとりながら、『京劇役者が語る京劇入門』『中国京劇小辞典』といった書籍を執筆し、全国の小中学校、高校、大学などに招待されて演じている。

魯氏によると、前述の明治大学のイベントに参加したアーティストは、魯氏の人脈で参加を依頼した。彼らは留学や結婚など、さまざまな理由で来日し、魯氏と日本で知り合った。ある人は専業で、ある人は副業で芸術関係の仕事をしている。

「これだけの中国人アーティストが日本で活躍できる背景には、まず日本の文化レベルが非常に高いということが挙げられます。日本には彼らを受け入れる土壌があるということ。二つ目は、歳月とともに、来日する中国人の人材の層が厚くなってきたことがあります。だからこそ、こうしたイベントも開催できるわけです」（魯氏）

女子十二楽坊を覚えていますか？

四〇代以上の日本人なら、〇三年頃、『女子十二楽坊』という音楽ユニットが活躍したことを覚えている人もいるだろう。

『女子十二楽坊』は二胡、琵琶《びわ》、笛、楊琴などの女性奏者で構成され、日本で数年間活動した。メンバーは一二人ではないが、全員が若い女性で容姿端麗、いずれも中国の音楽大学の出身という共通点があった。

〇三年に日本のゴールデン・アロー賞の音楽新人賞を受賞し、ＮＨＫ『紅白歌合戦』にも出演。頻繁にテレビ番組に出演していた。

日本人に馴染みのない中国の民族楽器でありながら、若く美しい女性たちが音楽を集団で奏でる姿は、日本人を魅了した。『女子十二楽坊』で主要な楽器だった二胡について魯氏に聞くと、「二胡の音色は女性の声に似ているといわれ、日本で最も人気がある中国の民族楽器なのです」という。

二胡に魅了される日本人女性

かつて、日本では二胡のことを胡弓と呼ぶ人もいたが、胡弓は別の楽器だ。二胡は中国の伝統的な擦弦《さつげん》楽器の一種で、二本の弦の間に挟んだ弓で演奏する。

私自身も二胡はもちろん知っていた。最初の出合いは私が新聞記者だった九〇年代前半、二胡奏者の姜建華氏にインタビューしたことからだった。

姜氏は上海市生まれ。北京にある中央音楽学院の学生だったとき、指揮者の小澤征爾氏の前で二胡の名曲『二泉映月』を演奏した。それに感動した小澤氏の導きで、米ボストン交響楽団などで演奏する機会を得て、その後、来日を果たした。

日本各地で演奏会を行うなど、早期に来日して成功した演奏家の一人だ。現在は中国音楽界の最高峰で母校でもある中央音楽学院で教授をつとめながら、日本でも演奏活動を行っている。

姜氏などの成功もあり、次々と二胡奏者が来日していることは知っていた。テレビに出演する有名奏者も数人いるし、ネットで「東京　二胡教室」と検索すると、都内だけでも多数の二胡教室がヒットする。

どの奏者に取材しようかを考えているとき、私の大学時代の日本人の友人が、SNSで二胡教室に通っていると書いていたことを思い出し、彼女にコンタクトしてみた。

私の友人は都内の大学で中国語を教える教授で、数年前から趣味で二胡を習っている。彼女が通う教室は東京のJR山手線、大塚駅の近くにある『甘建民二胡学院』だというので、同行させてもらった。

平日の午後二時過ぎ。ビルの地下にある教室のドアを開けると、私の友人以外に二人の生徒がいて熱心に練習中だった。一人は日本人、もう一人は中国人だった。レベルも、取り組んでいる曲も異なる。先生は生徒の席を巡ってマンツーマンで指導していた。壁には先生が中国で購入した多数の二胡が掛けられ、コンサートのチラシも貼られていた。

友人によると、生徒の多くは四〇代以上の日本人女性で、中国とつながりがある人はほぼいないのではないかという。

友人のように、学生時代から中国語を学び、中国文化に興味を持ち、その延長で二胡にたどり着いた人は稀で、ほとんどの生徒は中国にとくに関心も接点もあるわけではなく、中国に行ったこともない。大半の人は、テレビや映画など、どこかで二胡の音色を聞き、その美しさに魅力を感じて始めた人なのだという。

中高年で経済的、時間的に余裕ができ、好奇心やチャレンジ精神が旺盛。彼女たちが趣味で楽器を始めたいと思ったとき、ピアノは大きすぎるし、ヴァイオリンは難易度が高い。しかし、二胡は小さくて軽いので、女性でも簡単に持ち運ぶことができ、価格も一〇万円以内と手頃。西洋楽器とは違って物珍しさ、新鮮さもあるし、弾いている姿はさまになる。『女子十二楽坊』が演奏するカッコいい姿が脳裏に焼きついている人も多く、それが「習ってみたい」という動機につながるそうだ。

『蘇州夜曲』に涙する姿に感動

レッスンが終わったあと、教室の主催者であり二胡奏者の甘建民氏に話を聞いた。甘氏は物腰が柔らかく、穏やかな感じの人だった。

甘氏は五八年、内陸部の安徽省で生まれた。中学生のとき、近所の友人が二胡を弾いていたのがきっかけで自分も始めたのだという。安徽省で唯一音楽を学べる安徽師範大学の音楽学部に進学。卒業後、安徽省の民族楽団に入団し、首席奏者をつとめた。

民族楽団では、西洋の交響楽団のヴァイオリンに相当する主旋律を担当するのが二胡で、最も奏者の人数が多い。中でもとくに高いテクニックを持つのが首席奏者だ。

来日は九〇年。日本に住む親戚から「日本はとてもいいところだよ」と聞いていた。一〇代の多感な時期に文化大革命が起き、農村に下放された経験から「海外に出てみたい」という思いが募りやってきた。しかし、二胡を続けることはできなかった。

「日本でどうやってプロとして活動したらいいのか、わからなかったんです。何回か転職するうちに、大好きだった二胡は少しずつ遠い存在になってしまいました」（甘氏）

しかし、来日から一〇年近く経ち、永住権を取得して生活も安定した頃、ふと二胡がとても懐かしくなったという。来日したときに持参した二胡は友人にあげてしまったため、新たに購入し、少しずつ弾いてみるようになった。

転機となったのは、勤め先に社長の友人が訪ねてきたとき。社長が「甘さんは二胡が弾けるんだよ」と話したところ、ぜひ何か弾いてほしいとリクエストされ、とっさに年配の日本人が知っている『蘇州夜曲』を弾いた。一九四〇年に公開された李香蘭主演の日本映画『支那の夜』の劇中歌で、大ヒットした曲だ。

甘氏が弾き始めると、社長の友人は感激して涙をポロポロと流した。その姿を見て、甘氏は驚くと同時に、「二胡の音色はこんなにも人の心を打つものなのか」と感動したという。それからは日本人の音楽家らと一緒に演奏するなど、再び二胡に取り組むようになった。

大塚に二胡教室を開いたのは〇三年。ホームページを作り、生徒を募集すると、次々と日本人の生徒が集まってきた。

それから二〇年。生徒が途絶えることはなく、現在は約七〇人の生徒が在籍している。ほぼ毎日、午後や夜の時間帯に少人数のレッスンを行っているが、最近は在日中国人や、在日中国人の子どもも増えてきている。

レッスン以外にも、生徒の発表会を開いたり、約六〇人が在籍する『黄山二胡楽団』を率いたり、日本二胡振興会の会長をつとめたり、二胡の演奏と普及に力を入れる。

二〇二三年は中国に凱旋、日本の琴やピアノなどの演奏家とコラボし、上海、蘇州、深圳、鄭州など八都市でコンサートを行った。日本で中国人の二胡奏者がこれほど受け入れられ、活躍し、日本人とコラボしている姿に、中国の人々は感動したという。

甘氏によると、都内だけでも三〇～四〇人のプロの二胡奏者がいて、演奏会を開いたり、二胡教室を開いたりしている。私が知る限りでも、チェン・ミン氏、ウェイウェイ・ウー氏、ジャー・パンファン氏（三名ともカタカナ表記名で活動）などの名前がすぐに思い浮かぶ。彼らは単独ライブを行うなど、在日中国人のみならず、日本人にも広く知られている。

また、中国人の二胡奏者の教室で習い、独立して自身の教室を持つ日本人奏者も現れ始めている。別の知人によると、日本で有名になった二胡奏者を頼って、中国で音楽大学を卒業したばかりの若手奏者も来日し、弟子となりながら、日本で活躍の機会を探しているという。それだけ、二胡の音色が日本人の心に響いているのだろう。

卓球選手も、二胡奏者も競争が激しすぎるから海外へ

ところで、なぜ日本でこれほど二胡が受け入れられ、二胡奏者が活躍しているのだろうか。その理由を尋ねると、複数の中国人からほぼ同じ答えが返ってきた。

理由は、前述したように、二胡の独特の音色が日本人に合っていたということだけではないという。

「二胡に限らず、多くの分野で、中国から日本にやってきた人が活躍している理由は、中国国内の競争があまりにも激しすぎるからです。

たとえば、卓球王国の中国で一流の選手となり、代表に選ばれることは至難の業です。運やコネも関係する。実力だけではないのです。中国にいたら、かなり才能のある人でも、一生、代表選手にはなれない可能性があります。でも、日本など海外に行けば、同じ実力でも第一線で活躍できるチャンスがあります。

大学受験も同じ。中国で真ん中くらいの成績でも、海外に行けば上位になれます。中国人が海外に行くことは、自分の人生を変える突破口。だから海外に出ていける人は出ていく。昔も今も変わりません。

とくに音楽など芸術分野は、音大卒といった学歴がすべてではありません。資格試験があるわけではないし、はっきりと点数が出るものでもない。テクニック以外に、その人の演奏に味があったり、その人自身にも魅力があったりすれば、海外なら十分活躍できる。民族楽器の場合はとくに、中華風の衣装を身に着ければ、見栄えがあります。中国人ですから、西洋音楽をやるよりも、さまになります。

日本で先に成功した人がいれば、先輩の背中を追って若手もどんどんやってきます。二胡の場合、現在五〇歳以上の奏者が活躍していますが、若手も続々と来ているのは、彼ら（第一世代）が作った素地がすでに日本にあり、やりやすいからです」

『三国志』『水滸伝』『西遊記』が大ヒットした理由

日本人がいかに中国文化に対して造詣が深いかは、ふだん、知る機会がない。日本に住んでいると、私たちの身の回りに中国文化が溢れていることにも、あまり気がつかない。それは特別なことではなく、私たちの日常だからだ。

かつて、よく「一衣帯水」といわれた両国だが、日本人は長く中国と交流を続け、さまざまなものを学んだ。日本人は小学校から漢字や書道も学ぶ。中国の水墨画を見て「郷愁」を感じるのも、日本人のＤＮＡにその一部が刻み込まれているからだろう。

私は以前も、それを痛感させられたことがあった。数年前、中国の文化事情に詳しい明治大学教授の加藤徹氏を取材したときのことだ。加藤氏に、江戸時代に日本で『三国志』や『水滸伝』『西遊記』などが大ヒットした理由を尋ねると次のように解説してくれた。

「日本にありそうでなかったジャンルで、日本に欠落していたコンテンツだったからです。『三国志』は知恵と知恵の戦い。権謀術数の世界で、英雄豪傑が多数登場します。『水滸伝』は庶民目線の世直しの物語、『西遊記』はゲーム感覚でゴールを目指す内容。いずれも日本になかったものなので、新鮮に受け止められました。

この三作品は、室町時代、中国で修行した五山の僧侶たちが日本に持ち帰ったのが始まりだといわれています。そこから日本の一般庶民に広まったのは江戸時代。松尾芭蕉は李白や杜甫の漢詩文を学び、その趣向を俳句に取り入れました。江戸時代の日本には、空前の中国ブームが巻き起こっていたのです。

ちなみに『紅楼夢』はこれらの三作品と比べると、あまり日本では有名になりませんでした。日本にはすでに『源氏物語』があったからです」

私はなるほど、とひざを打った。

日本の高校で漢詩を学ぶことを私たちは当たり前に受け止めており、大人になっても、有名な漢詩をいくつもそらんじている人が多い。

だが、そのことを日本についてあまり知らない中国人に話すと、今でもとても驚かれる。日本独特の漢文の読み方を説明すると、さらに驚いて、あれこれ質問してくる。現在でもそうだから、十数年前に日本人と接して、その事実を知った中国人にとっては尚更だった。

中国人より中国文化に詳しい日本人

友人の紹介で知り合った斉晶岩氏と話しているときにも、そうした話になった。

斉氏はマッサージ器などを日本で販売する中国系企業『メディサナ・ジャパン』の社長で、日本語は自然で流暢だ。その理由は斎氏の母親が中国残留日本人孤児（以下、残留孤児）で、斉氏は中学生のときに、母方の親戚が住む長崎県で一年半ほど暮らした経験があるからだ。

余談だが、本書の取材で、残留孤児の子どもや親戚を何人か取材した。残留孤児は日本人だが、歴史的経緯から中国人と結婚したケースが多く、その子ども（主に二～三世）の多く

が中国語ネイティブ。そのため、多くの場合、日本の「中国人コミュニティ」に入ってい
る。斎氏の父親も中国人だ。

　斎氏は六五年、黒竜江省ハルビン市の出身。日本で途中入学した中学を終えたあと、中国に戻り、高校に進学して、その後、北京第二外国語学院（現在の北京第二外国語大学）の日本語学科に入学した。当時、同大学の日本語学科には黒竜江省から一名の枠しかない、超難関だった。

　大学在学中、斎氏は日本からの観光客を受け入れる中国の旅行代理店でインターンとして通訳のアルバイトをした。斎氏は当時の経験をこう話す。

「当時は八〇年代半ば。日本は経済発展していて、日中友好のムードがあり、大勢の団体観光客が中国を訪れていました。『万里の長城』や『故宮博物院』がある北京はもちろん、シルクロードの敦煌《とんこう》、南部の桂林、古都の西安など各地を旅行していました。蘇州にある寒山寺で、大みそかに日本人と一緒に除夜の鐘をついたこともあります。

　そのとき、とても驚いたのは、日本人が中国の歴史にとても詳しかったことです。寒山寺の観光客は中国人よりも日本人のほうが多いくらいでした。あの頃、五〇～六〇代くらいの

方々だったと思います。ともに旅行しながら、その方々が二〇代の私に『三国志』の魅力について熱く語ってくれたことがとても印象に残っています。

その頃の私は、『なぜ日本人がそんなに中国の古典や歴史に詳しいの？』と驚くばかり。同時に、自分が恥ずかしかった。彼らの会話についていくために、必死になって中国の古典を勉強しました。

私が幼かった頃、中国は文化大革命の最中で、あまり勉強できなかった。とくに古典を学ぶ機会は少なかったのですが、だからこそ、日本人の中にはこんなに中国通がいるのだということに驚かされました」

斎氏は大学卒業後、再び来日して大手家電メーカーに就職。九〇年代終わりと〇〇年代前半の二回、中国に駐在員として派遣された。中国の工場に部品を発注し、調達する仕事をしていたが、当時の日本人と中国人の品質に関する考え方は「大学生と小学生くらいレベルが違っていた」ことから、両者の間に立って非常に苦労したという。

中国駐在中の日本人上司も非常に中国に詳しく、教養があり、いつもそばに『三国志』を置いてボロボロになるまで愛読していたという。斎氏はその上司の『三国志』を譲り受け、大切に読んだと話してくれた。

このように、日本には経済面だけでなく文化面でも、いくつもの在日中国人ネットワークが出来上がっている。その背景には、日本人が長い間、中国文化に親しみ、リスペクトし、受け入れてきた土壌があったのだ。

第　3　章

持ち込まれた
中国的論理

バックに中国政府がついている、ある団体

二〇二四年一月下旬。東京・港区にある高級ホテルの大宴会場で、在日中国人による毎年恒例、一〇〇〇人以上が参加する春節パーティーが盛大に開催された。

主催はある在日中国人団体。後援は駐日中国大使館、在日中国企業協会などで、多数の在日中国メディアも協力の欄に名を連ねる。

参加した知人女性は、真っ赤な装飾が施された宴会場をバックに、ドレスアップした写真を撮り、何枚もウィーチャットに投稿していた。その女性はこう話す。

「中国では春節前夜の大みそか（中国語で「除夕《チューシー》」）、日本の紅白歌合戦のような歌や踊り、漫才などを年越しで放送するテレビの特別番組『春節連歓晩会』（略称は『春晩《チュンワン》』）が放送されます。多くの中国人は一家でこの番組を見るのですが、このパーティーは『辰年春晩』と名づけられていました。日本版のリアル『春晩』ですね。さまざまな出し物があり、とても豪華。ふだんは会えない有名人にも会えて、一緒に写真を撮ることができ、友だちにも自慢できます」

事前に告知があったので、私も直播《ジーボー》（生中継）で覗いてみた。SNSで見るだけなら無料だ。

午後五時半の開始時刻には三〇〇〇人程度しか中継を見ていなかったが、一時間後には三〇〇〇人を超していた。告知には「全球全程直播」（世界で全行程を生中継）とあったので、当日参加できなかった在日中国人だけでなく、中国や他の国に住む中国人も視聴していたかもしれない。

舞台上では合唱、バレ、雑技、内モンゴルの楽器である馬頭琴の演奏、朝鮮族の舞踊など二〇以上の演目が三時間以上にわたって披露された。日本で活躍する歌手、中国から招待された演奏家などに加え、中国の『春晩』と違い、都内の音楽教室に通う在日中国人の子どもたちも出演した。

カメラは、舞台の目の前に設置された、横長で大きなメインテーブルに座る賓客も捉えていた。そのテーブルには中国人と日本人が向かい合って座る。確認した限り、日本の首相経験者などの政治家、日中友好団体の代表、中国政府関係者、中国系企業の社長、日本の大学の教授など、在日中国人の間で名前が知られる大物ばかりだった。

このパーティーから一カ月ほど経ったある日、ある中国人がやや声をひそめて、こんな話をしてくれた。

「知っていますか。あのメインテーブルは、一人八万円もするんですよ。日本の有名人も出席しますが、多くが招待客でパーティーに花を添える存在、という感じです。中国人でメインテーブルに座れるのは、有名企業の社長というだけでなく、中国政府の覚えがめでたい人、中国政府に貢献している人です」

この中国人はメインテーブルの後方、一人一万五〇〇〇円の円卓に座ったことがあるという、「興味があるなら……」といって、その後、パーティーの主催団体が二三年に発行した創立二〇周年記念の本を郵送してくれた。

フルカラーで全二五五ページ、A3サイズくらいの大型本で、約二キロもあり、片手では持てないほど。目次のあと、駐日中国大使、中国国務院僑務弁公室主任などの祝辞に続き、団体の二〇年間の記録、北海道や九州など各地にある団体支部、中国各地の日本同郷会、中国の各大学の校友会、文化芸術関係の団体などの紹介があった。

本には中国系企業の広告が多数入っており、裏表紙には「為僑服務　中日友好　愛国愛郷団結互助」とあった。この本を読めば、団体や企業をはじめ在日中国人にまつわるコミュニティの概要がだいたいわかるといっていい。前述の中国人はいう。

「東京に何年も住む中国人で、同郷会など複数のグループに入っていたら、この団体の存在は知っているはずで、おそらくパーティーにも行ったことがあると思います。この団体に参加できることは名誉で光栄なことだと思って、積極的に参加する人もいます。何といっても、バックに中国政府がついていますからね」

その話しぶりから、何か「含み」があるように感じたが、その日、それ以上深く聞くことはできなかった。

偉い人を偉そうに見せる、どこかで見た光景

別の日、別の中国人と雑談しているとき、再びこの団体の話題になった。その人はこんな話をした。

「私もこの団体の別のイベントに参加したことがありますが、政府寄りであることは否定できません。そういえば、一度とても驚いたことがあります。イベントが始まる前、記念写真

撮影のリハーサルを行ったのですが、団体の代表と大使館の人が中央に立つので、他の参加者は周囲に立つようにと指示されたのです。

写真撮影のとき、カメラマンが指示するならわかりますが、わざわざリハーサルをさせられるんですよ。細かい立ち位置の調整のために、私たちは一〇分以上も立ちっぱなし。偉い人を、より偉く見せるため、私たちはその引き立て役でした。この光景、どこかで見たことがあるなと思ったら、それは中国と北朝鮮でした」

私は半信半疑だった。色がついた団体なのかと想像したが、自分が信頼する知り合いもイベントに参加している。在日中国人団体として規模が大きいという以外、コミュニティの中に入っていない私には、具体的なイメージが沸かなかった。

子どもの発表会で「国威発揚」のビデオ上映

しかし、二四年の二月上旬、SNSの告知で知った、ある団体が主催する在日中国人の子どもの発表会を見に行き、彼らが話していた状況が少し理解できた。

その発表会は都内のホールを貸し切って、平日の午後に行われた。子どもの発表会としては十分すぎる規模だ。少し早く会場に着くと、出演者の保護者や親戚などがすでに入場し、受付には在日中国系企業や団体から贈られた花が多数並べられていた。

ホールに入ってみると、座席は三分の一ほどしか埋まっていなかった。見た限り、日本人の姿は確認できず、中国人の親子連れがほとんどだった。

やや後方に座り周囲を見渡していると、近くの席に座る二組の親子の日本語の会話が聞こえてきた。親は中国なまりが強いが、小学校低学年くらいの子どもたちはネイティブだ。子ども同士は学校の話をしていたが、親同士の会話は中国語だった。

プログラムは高級ホテルのイベントと同じく、舞踊、ミュージカル、合唱、京劇など。参加団体は在日中国人向けの芸術学校、武術学校、芸術団などで、中国人の子どもが習い事をしている組織だった。

発表会は来賓の挨拶から始まった。駐日中国大使館や在日中国系企業の代表、芸術家など、メンバーは高級ホテルのそれとほとんど同じ。しかも、全員が中国共産党のシンボルカラーである真っ赤なマフラーを首に掛けていたのが印象的だった。司会者が一人ひとり紹介するたびに、彼らは自らも大きな拍手をしていた。

少しして、演目が始まった。子どもたちは豪華な衣装を身に着け、親たちは写真を撮りまくっている。

ちょうどそのとき、中国人の友人が入ってきた。お互いに来場することを知らなかったので驚いたが、私を見つけると隣の席に座り、しばらく経ってから、こう耳打ちした。

「これって、まるで中国みたいだよね……」

来賓が多く、それぞれ大げさに拍手し、抑揚をつけて挨拶する姿が中国本土の行事に登壇する「偉い人」と酷似しているという。確かにそうだと思った。子どもの発表会なのに、なぜ、こんなに偉い人たちが来賓として大勢訪れるのか。

私が小声で「これは権威づけじゃないの？」というと、友人も同意した。

友人はこれまでも、同様のイベントで来賓の挨拶を見てモヤモヤしていたそうだが、それが何なのか言葉で表現できなかったという。しかし、私の言葉を聞いて、「偉い人が見に来たら、自分たち（子どもや親）も偉くなったような気分になる。そういうことだね……」と納得した様子だった。

聞けば、中国でも最近はこのような子どもの発表会が盛んに行われているという。ただその場所が日本に移っただけだ。

友人は「どのイベントも、たいてい似たような来賓。来てもらったらありがたいけれど、別のイベントのときには自分たちも行かなければならない。持ちつ持たれつの関係」といい、「これはあくまでも私の推測だけれど……」と前置きして、こうもいった。

「多額の寄付をした人とか偉い人の子どもが主役に選ばれるのではないかな。主役になれるかどうかは寄付金次第。これも中国と同じ構図だね……」

友人の推測が当たっているかどうかはわからない。ただ、中国人の友人がそのように感じたのは間違いない。

私は所用で先に会場をあとにしたのだが、友人がその後、会場で撮った写真を送ってくれた。それは、演目と演目の間に、中国の国営テレビなどで「国威発揚」のために放送されるような、高速道路や港湾などの壮大なインフラ計画のビデオが上映されている様子だった。

「一流企業で働く中国人は、こんなところに来ない」

これらの行事は春節前に行われたせいか、「中国色」が強く感じられた。メンツを重んじる中国的なやり方、特色が表れているのではないかとも思った。

ある日、別の取材で会った中国人にも春節パーティーの話をしたところ、その人は「わかりきったことを……」といいたげな表情でこういった。

「そりゃそうですよ。だって、皆、偉くなりたいから、いつもあっち（中国本土）の顔色をうかがっている。だから盛大にやるし、賓客も招待するんですよ。メンツがある。自分たちには政府の後ろ盾がある、そして、そういう自分たち自身も偉いよ、と多くの人に伝えたいんです。やりたい人だけに、やらせておけばいいんですよ」

別の在日歴が長い中国人にもこの話をすると、これらのパーティーやイベントに限らず、最近、在日中国人の間で起きていることを、匿名を絶対条件に説明してくれた。

「いまの中国で、若者はどんどん垢抜けて国際化しているというのに、中年以上の在日中国人は古い価値観のまま取り残され、固まっていると感じます。どれだけ長く日本に住んでも、日本人にはなれないし、中国に帰っても使いものにならない。中途半端で糸が切れた凧のような存在です。二〇年くらい前で時計の針が止まっていて、日本に何十年もいる間に独特の世界を作り上げたともいえます。

そんな〝化石〟のような彼らには、自分たちのことを大使館の人に見てもらって存在を認めてほしい、という気持ちがあるのではないかと想像します。

若い在日中国人でも、そういうイベントに子どもを参加させるのは、同じ気持ちだと思います。ここだけの話ですが、日本の一流企業に勤務してバリバリ働いているような中国人は、平日に会社を休んで、こんなところには来ないと思いますよ。そういう人にとって、共産党の偉い人なんて、自分たちの生活に関係ありませんから」

必死に行う「愛国アピール」

匿名の中国人はさらに続ける。

「中国に住んでいるとき、私たちは常に中国共産党の管理下に置かれていました。それは中国人にとって当たり前のことですが、息苦しさや怖さもありました。

そこから逃れて日本にやってきて、いままで味わったことがない自由な暮らしを謳歌してきたはずなのに、いつの間にか、心のどこかで、中国にいたときのように領導《リンダオ》（指導者）の存在を求めてしまう。自分たちを導いてくれる大黒柱のような存在ですね。それが日本では中国大使館なのだと思います。

これまで、政治的なことや、中国的なやり方が嫌で、（大使館に）後援や協賛などを一切頼まなかった団体もあるのですが、私の知人もあるイベントをやるとき、結局頼んでいました。短時間でも大使館の人が顔を出してくれれば、周囲からも一目置かれるし、誇らしい気持ちにもなれるので……。

気がつけば、みんな日本で、中国現地と張り合うほど中国的な組織を作っている。それに大使館とつながっていれば、資金援助してもらえることがあります。直接資金がもらえなくても、優遇されるし、認められるし、中国に帰ったとき、政治会議に参列できるなどのメリットもあります。

自分たちはそんなこととは関係ない、とこれまで思っていた人も、周りがそうしているから流されて、同じように大使館の存在を意識してしまう。イベントのチラシには後援、協賛にずらりとそういう（権威的な）名前が並ぶ。それで安心して在日中国人が参加してくれる……。ここ数年、現実に起きていることです」

その話を聞いて思い出したのは、二一年七月一日に北京で行われた中国共産党創立一〇〇周年の祝賀式典だ。中国のテレビで生中継された式典の様子を写真に撮り、ＳＮＳに投稿していた在日中国人がいた。

その人に「たくさん写真を載せていましたね」というと、「もちろんですよ。祖国の重要なイベントですから。それに日本で私たちが何か活動する際は、中国大使館の後援とかサポートが必要なんです。だから……」と話していた。

その人の本心は不明だが、日本に住んでいるのに、なぜか「愛国アピール」に必死だった。

そういえば、知人が組織しているある団体も、オンラインで三時間ほどの内輪の勉強会を実施する際、「開会の辞」をわざわざ大使館の担当者に依頼していて、私は違和感を覚えたことがあった。

人が集まれば権力闘争が始まる

さらに、匿名の中国人は興味深い話を聞かせてくれた。

「日本でも、（在日中国人による）同郷会や大学の校友会などのグループができていますが、いくつかの省や市の同郷会は複数あります。最初は一つでしたが、ケンカして分裂してしまったんです。

ある同郷会は三つに分裂し、そのうちの二つが『自分たちこそ正当な会だ』といって裁判沙汰になったこともありました。

大学の校友会も複数あるところがあります。それだけでなく、他の校友会を罵倒、誹謗中傷することもよくあります。同窓生の楽しい集まりなのに、母国の本校に正式に認められるとか認められないとか、とにかく強く正当性を主張するんです。

私の母校ではありませんが、ある大学の校友会の設立大会に参加したとき、会長の人選で揉めて、結局解散になっちゃったこともありました。なぜ、そこまで……と思うのですが、皆、自分がトップになりたいんですよ。まるで文化大革命時代の闘争のように、権力に執着し、とことん闘うのが好きなんです」

話を聞きながら、私は圧倒されたり、ため息をついたりしてしまったが、確かに中国人の激しさは独特のものがある。

その人は『毛沢東語録』にある「天と闘い、地と闘い、人と闘う。その楽しみ、尽きることなし」という言葉を引用し、「同じ業界なのに仲間割れしたり、またくっついたり、大ゲン力したり……とにかく激しい。それが中国人というものです」と語った。

話は続く。

「一〇年間に及んだ文革によってなのか、もともと闘争や権力が好きで、文革でひどくなったのかはわかりませんが、とにかく中国人は闘うのが好きです。とくに中高年の在日中国人は文革世代ですから、そういう習性があるのかもしれません。ある人は一見、とても恵まれた生活をしているように見えるのに、突然、誰かを攻撃し始めたりする。聞くところによると、文革の最中、母親が自殺したとのことでした。

彼らが政治化していることは確かです。日本である程度の地位を築き、お金と時間の余裕がある。日本に骨を埋めるつもりで、生活は安泰。そういう人たちが多いのに、なぜか集まると権力闘争が始まってしまうのです」

その人自身も中国人コミュニティの中にいる当事者であるが、ここまで客観的に自分たちを見つめ、見事に分析できていることに私は驚いた。そして、コミュニティの「内部」にいる人にしかわからない話を私にしてくれたことがありがたかった。

春節休みに配慮してくれる日本人上司

最近、日本にある中国人の団体やグループと接していて、「だんだん中国みたいになってきた」と感じる機会が増えた。

その一つは、中国系企業が中国国内と同じように、日本でも中国の行事を行うようになってきたことだ。一～二月の春節の時期は、中国の会社と同じように社長が「紅包《ホンバオ》」（お年玉）を赤い袋に入れて社員に配る。五月の端午節のときには、中国の風習に則《のっと》って粽《ちまき》を配る。秋になれば中秋節（十五夜）の月餅を配る。

とくに中秋節、中国では日本のお中元のように取引先や親戚などに月餅を配ることが多く、その数は数十個から数百個になる。中国ではこの時期、高級レストランも、コンビニも、月餅だらけだ。福利厚生の一環で、社員にも現物支給か、または菓子店で利用できる「月餅券」がふるまわれる。こうした風習が日本にも伝わり、中華料理店の中には特製の月餅を手作りするところが増えている。

三月八日の「国際女性デー」は中国では「婦女節」という。日本ではあまり知られていないが、中国では、この日は朝からＳＮＳに黄色いミモザの花の写真を載せ、祝う人が多い。それにならってか、在日中国人女性の間で、この日は大きな話題となる。

大手企業に勤務するある知人は、上司から「二月の春節に中国に帰る予定はある？　休暇をとっていいから、早めに申請してください」といわれて驚いた、と話していた。

一〇年ほど前から始まった中国人のインバウンドの影響で、春節の時期になると、日本でも中国に関する報道が増える。ドラッグストアのＰＯＰも真っ赤な文字や装飾で彩られる。当時、来日した中国の友人は「日本のお正月は新暦だと思っていたのに、中国の春節気分を味わえて、うれしい反面、（まるで中国にいるみたいで）ちょっとがっかりした」といっていた。

こうしたことから、中国に詳しくない上司も「中国人は春節を一家で過ごすもの」と知っていて配慮してくれたようなのだが、当の本人は「お正月に一週間以上も休んだのに、また一週間も休んでいいのだろうか」と、喜びつつ困惑したそうだ。

役職名も、話し方も中国風

ある中国系の団体の幹部に会ったとき、彼らの名刺には、秘書長、秘書、理事などという役職名が書かれていた。中国の組織の役職名をそのまま使っているのだ。

さすがに日本にある中国系企業の名刺に「総経理」（社長）と書いてあるのは見たことがないが、次のような話はある。

中国では十数年ほど前から、姓の後ろに「总《ゾン》」（総経理＝社長の意味）とつけて「陳总」（陳社長）、「王总」（王社長）などと呼ぶようになったが、日本の中国系企業でもお互いに、このように呼び合うようになった。

最近の日本では役職をつけて呼ばないようになっているのに対し、中国では役職をつけるほうが多い。それに合わせているのだ。

一〇年ほどつき合いのある中国系企業の四〇代の女性社長を取材した際、中国国内で使われるような美辞麗句を並べた表現で答えるので、意味がよくわからなかった。日本語だったが、大言壮語で具体性が見えない話をするからだ。

だが、つい笑ってしまったのはそのあとだ。本人も自分のいい回しに違和感があったのか、こんなことをいっていた。

「あれっ、いまの私の話し方、ちょっと変でした？　中国共産党の政治家の演説みたいでした？　最近、自分でもそう思うんですけど。中国に住んでいる人とよく仕事をしているから、その影響を受けて話し方が似てきたのかもしれない。おかしいなぁ……」

情報収集の中心は母国メディア

在日中国人の多くは、中国のメディアや在日中国系メディアをよく見ており、その影響を受けながら日常を送っている。日本に住みつつ、母国のメディア（とくにＳＮＳ）が非常に発達したために、そちらがとても気になるのだ。

むろん、日本の大きなニュースはテレビなどで見て知っているが、細かいことはわからない上に、あまり興味もない。

一八年に出版した『日本の「中国人」社会』にも書いたが、日本人と在日中国人の間には、情報のバックグラウンドにかなりの違いがある。

彼ら（在日中国人）は、自身のポジティブな話題が日本のメディアに取り上げられれば、それはそれでうれしいのだが、日本語である上に、そのメディアの影響力がよくわからないので、中国の友人に自慢しても、あまり多くの「いいね」はもらえない。

私自身、ときどき中国人から記事を頼まれ（多くは宣伝的な内容）、たまに記事にすると本人たちは喜ぶが、それは「日本のメディアに載った」という実績だけであって、周囲の中国人からの反響は少ない。中国に住む友人は日本語が読めないし、日本語のネットメディアは（情報統制のため）中国ではリンクが開けないこともある。

そのため、日本に住んでいても、彼らが重視しているのは、中国語で読めて、中国国内、日本国内に住む仲間に褒めてもらえる中国メディアなのだ。

中国国内のメディアは大きく分けて三つある。

主に党・政府系の伝統メディア（人民日報、新華社通信、中国中央テレビなど）、都市報などのメディア（環球時報、新京報、南方都市報など）、雑誌メディア（財新、三聯生活週刊など）だ。

日本ではメディアによって政治的傾向があり、多くの人はざっくりとそれを認識しているが、中国メディアは政府の検閲を受けており、大きな方向での明確な違いはない。ただし、都市報の中には社会の問題点を鋭く指摘し、政府の対応を肯定しないものもある。

これらのメディアは一四年頃からアプリでの発信が中心になり、一部の雑誌メディアを除いてほとんど無料で、スマホで読める。政府部門（教育、医療、警察など）や地方政府も自らの情報をＳＮＳで発信する公式アカウントを持っている。そのため、中国人のスマホを見せてもらうと、アプリの数は日本人の二〜三倍以上ある。

海外在住の日本人がネットで日本の新聞やテレビ、雑誌で母国の情報を常にウォッチするのと同じように、在日中国人も母国の情報を毎日、中国語で読んでいる。

祖父はブルース・リー映画の監督

中国メディアの中でも人民日報や中国中央テレビなどは日本支社があり、日本の情報も発信しているが、ほかに在日中国人を主な読者対象とする在日中国系メディアもいくつか存在する。海外にも邦人向けにミニコミ誌があるが、似たような存在だ。ただし、在日中国人は人口が多いだけに規模は大きく、メディアの数も多い。

在日中国系メディア『中文導報』で編集主幹、主任記者として働く杜海玲氏に話を聞いた。

杜氏は六八年、上海市生まれ。七歳まで上海で育ち、父親の仕事の関係で四川省に引っ越し、一五歳まで暮らした。そのあと、母方の祖父に呼び寄せられて一家で香港に移住、一五歳から一八歳まで香港で生活した。

そのため、杜氏は中国語（北京語）のほか、上海語、四川語、広東語も堪能という中国人でも珍しい存在だ。祖父は山東省生まれ。上海で俳優となって活動したあと、四八年に香港に渡り、映画監督として成功した羅維氏だ。

羅氏はブルース・リーの主演第一作目の『ドラゴン危機一発』と第二作『ドラゴン怒りの鉄拳』を監督した。その後の作品ではまだ無名だったジャッキー・チェンを起用。彼の中国語名、成龍の名づけ親でもある。

二三年はブルース・リーの没後五〇周年に当たり、人気がとても高い日本では、各地で映画上映やイベントなどが行われた。ブルースとつながりのある数少ない生存者ということで、杜氏とその長女で歌手のリーメイズム礼美氏もいくつかのイベントにゲスト出演した。

あとで杜氏のSNSを見たところ、知人の在日中国人女性から「私のおばあちゃんは女優で、杜さんのおじいちゃんの映画に出演したことがあるのよ」と聞かされ驚いたと書いていた。杜氏のように、中国や香港で活躍した芸能人の子孫がかなり日本に住んでいるのではないか、と想像させるようなエピソードだ。

杜氏は一八歳で来日し、日本人と中国人のハーフの夫と二〇歳で結婚した。夫の母親は中国残留日本人婦人だった。夫の両親は小説『大地の子』や『白い巨塔』などの著作がある山崎豊子氏からインタビューを受けたこともある。

杜氏は子育てをしながら在日中国系メディアの記者を二〇年以上続け、中国語で著書を執筆したり、講演なども行ったりしている。

在日中国系メディアの実態

杜氏に在日中国系メディアについて概要を聞いた。

杜氏によると、主要なメディアは約六社。杜氏が勤務する『中文導報』のほか、『東方新報』『日本華僑報』などがある。ほかにも小規模のメディアを含めると一〇以上はあるが、紙媒体を発行しているのは『中文導報』など少ない。

『中文導報』は九二年に設立された。杜氏によると「当時は週一回の新聞の発行を皆楽しみにしていたが、時代の流れで次第にネットに移行していった」という。

現在は紙版とネット版があり、紙だけ、ネットだけの記事、両方に載る記事がある。紙版は購読者の自宅のほか、都内にある中国系文化施設や日本語学校などにも郵送で届けられる。毎週木曜日の発行で全二〇ページ。価格は一部二五〇円だ。

『中文導報』の場合、主なコンテンツは中国、在日中国人、日本の政治経済、国際関係の四つに分かれており、文化、教育、スポーツなども扱う。在日中国人が楽しみにしているのは自分たちに関する記事だ。

在日中国人団体のパーティー、音楽会、校友会などの行事も掲載される。杜氏によると、この五~六年、中国人のイベントが急速に増えたため、一部は主催者に投稿してもらうこともあるという。

ネット版に配信された記事は、当事者たちがウィーチャットでシェアする。中国に住む親族にも、日本で自分たちがどんな活動をしているのかを読んでもらえるし、友人にも宣伝できるので喜ばれる。

また、こうした中国系メディアだけでなく、「自分たち自身」もメディアとなっている。中国でウィーチャットが爆発的に普及した一四年頃から増えてきた「自媒体《ズーメイティ》」だ。ウェイボーやウィーチャット、小紅書《シャオホンシュー》、抖音《ドウイン》などにアカウントを持ち、独自の情報を発信するもので、多数のフォロワーを持ち、かなりの影響力を持つ一般人もいる。SNSグループには「メディア部門」を持ち、ミニメディアのような形で発信することもある。

在日中国人にはプロのインフルエンサーも、少なくとも数百人以上いる。日本と中国国内のフォロワーを対象に、日本のグルメや季節の情報を発信したり、日本の百貨店や地方自治体などと契約して、観光地、名産品などを宣伝したりしている。

政府のプロパガンダ(政治宣伝)である国営メディアしかなかった時代とは違い、政府批判さえしなければ、中国人は、中国でも日本でも、かなり自由に情報発信できるようになった。

しかし、ある中国人は「健全なメディアが育つ前にSNSが発達しすぎた悲劇」もあると指摘する。中国人が得られる情報の量は爆発的に増えたが、質にはおおいに問題がある、というのだ。

自媒体の多くはファクトチェックなしに発信する。そこで人目を引く過激な話題ばかりを投稿する傾向もある。ささいな問題を大げさに評論し、真偽不明な情報で炎上することも頻繁にあり、歪んだ世論が形成されてしまう、といった問題が発生している。「炎上商法」は日本にもあるが、中国のそれは日本の比ではない。

SNSで発信する親中派と反中派

在日中国人が発信する情報を見ていると、母国について言及しているものが少なくない。母国から検閲されそうな内容を、削除される覚悟で投稿している人もいるし（数時間後に見ると、やはり削除されている）、最初から母国の検閲が及ばないフェイスブック、X（旧ツイッター）などに中国語や日本語で書いているケースもある。

それらの内容は大まかに、親中的（愛国的）なものと、反中的（非愛国的）なものに分けられる。ある中国人が教えてくれた。

「一つは、中国をいつも礼賛している親中的な人々です。彼らが来日したとき、中国はまだ貧しかったけれど、中国共産党の領導（指導者）のおかげでここまで経済発展できたことはうれしく、誇らしいと考えており、必要以上に母国を褒めたたえる人たちです。割合としては、こちらのほうが多いと思います。

もう一つは、逆に、常に中国について批判的な内容を発信する反中的な人たちです。それぱかり書いているSNSグループもあります。

かつて、日本が経済的に発展していたからやってきたのに、いつの間にか中国に逆転され、中国に住む同級生のほうがお金持ちになった。

私が見たところ、彼らは『発展した国（日本）でがんばってきた結果がこれですか。自分たちは中国の経済発展の時期に日本にいて、その恩恵に与れなかった。海外にいて損をした』と思っている。

だから負け惜しみもあって、何かにつけて『中国はまだダメだ』『たとえ発展しても、マナーがなってない』などと『上から目線』で常に中国や中国に住む人々を批判し、日本に住んでいる自分たちを上げようとします」

現状に満足できないから極端に走る

その中国人がいうには、親中派と反中派に共通しているのは、「日本メディアの影響を受けている」ことだという。

「前者（親中派）は、日本メディアは中国のマイナス面しか報道していない、と不満を持っています。かつては不法滞在者や犯罪者も多かったので、そういう報道が目立った時期もありましたが、現在は必ずしもそうではない。でも、日本メディアは中国批判しかしない、と信じているので、そういうニュースしか目に入ってきません。

中国はこんなに大国になり、世界に貢献しているのに、日本（や世界）はいつまで経っても認めてくれないと思っています。

一方、後者（反中派）は一部の日本人と一緒になって中国を批判しています。中国に住んでいたときには、情報統制もあって、SNSもなかったから、自国で何が起きているのかわからなかった。でも、西側の国（日本）に来て、中国がどんなにひどいことをやっているのか、ようやくわかった、井の中の蛙だった、と考えています。香港にいる中国人にもこういう人がいる。大陸を脱出して、香港に来た途端、いきなり反中的になる人です。

それが原因で、中国国内にいる友だちや親戚とよくSNS上でケンカしているのを見かけます。中国にいる人は『海外に出たあなたに何がわかる！』というし、海外にいる人は『海外に出たからこそ、中国政府の嘘がわかるんだ！』という。どちらにしても、中国はいい、悪い、と決めつけるのはどうかと思います。

そういえば、二〇年くらい前、六四の日（天安門事件の日）に日本でデモをして、そのときに撮った写真を持って、入管（東京出入国在留管理局）に行き、『私たちはこういう活動をしているので、中国には帰りたくても帰れません。だから日本のビザを出してください』と騒いでいる人たちがいました。

こうなると、確固たる考えがあってデモをしているのではなくて、単に日本のビザが欲しいだけでは、と思ってしまいます。そういう人たちも以前はいました」

その中国人が見たところ、親中派、反中派のいずれも、いまあまりハッピーではない、そして、日本に住んでいる自分を正当化したい、ということが共通点だという。

「自分が現状に満足していたら、母国のことを極端に評価したりしません。忙しくて、メディアにそれほど触れる時間もありませんから。生活に満足できない部分があって、SNSで目にする中国国内の人たちと自分を比較してしまう。

そして、理屈をつけて、自分を慰めているのだと思います。常に誰かと比較して、自分のメンツを考えるのは、ある意味で中国にいる人と同じかもしれませんが……。

この三〇年の中国の経済発展があまりにも急速で凄まじかった。海外（日本）にいて、リアルタイムで体験せず、中国でどんなことが起きていたのか受け止めきれないでいるのも要因だと思います。

おもしろい話があります。ある人が北京で家を売ってアメリカに渡って三〇年。身を粉にして働いて、必死でお金を貯め、北京にあった元の家をようやく買い戻せた、というエピソードです。海外でがんばってきたこの長い年月は一体何だったのか、と茫然自失としてしまう。それくらい、中国は激しく変わったという例えです」

「マナー問題」に対する複雑な感情

この話を聞いて、一〇年ほど前の、ちょうど「爆買い」ブームの頃の話を思い出した。

私が銀座のユニクロのレジに並んでいると、すぐ後ろに中国人の老夫婦が立っていた。彼らはカバンから、ビニール袋に入れたリンゴを取り出してかじっていた。バッジをつけていたので、おそらく団体観光客で、自由行動中だったのだろう。リンゴをかじる姿は、当時の中国の地下鉄やバスで見かけるのと同じ光景だった。

私はその様子をSNSに書き込んだ。自由で素朴、「微笑ましい老夫婦」というニュアンスのつもりだったが、ある人から「あなたは中国人をバカにしている」と抗議された。まず謝り、一時間以上「誤解だ」と電話で説明したが、許してくれず、半ばケンカになってしまった。その人は父親の仕事で来日し、日本に三〇年ほど住んでおり、恵まれた生活を送っている。夫は会社経営者で、夫婦二人で高級マンションに住んでいる。

しかし、私とトラブルになる前、「同じマンションの住人が私たち夫婦を白い目で見て、同じエレベーターに乗らない。私たちが中国人だからだ」と話していた。

勘違いではないかと慰めたが、絶対そうだと決めつけていた。歪んでいると思ったのは、そういいつつも、一方で、彼らは中国からやってくる団体観光客をバカにして、「自分たちは都会出身でレベルが違う中国人。あの人たちと一緒にされたくない」という意識が目に見えていたことだ。

日本で中国人のマナー問題が盛んに取り沙汰されていた時期で、いら立っていたのかもしれない。

「日本のメディアは反中的」という思い込み

二四年四月、私はあるネットメディアに、ある在日中国人が帰省したときのエピソードを書いた。久しぶりに中国を訪れて、大気汚染のひどさや人々のマナーの悪さなど、中国の悪い面について率直に語った内容だった。

その人は政治に興味もなく、中国を批判しているわけでもない。あくまで感想を語っただけだが、ネットメディアの習性で記事タイトルはやや刺激的なものだった。

記事を読んだ五〇代の在日中国人は、ウィーチャットで私に「中国は汚くて人間の住むところではないとでもいいたいのか。あなたも他のジャーナリストや一億人の日本人と同じで反中派になったのか。見損なった」と攻撃してきた。数年前に一度しか会ったことのない人だった。

引っかかったのは、「日本は地上の楽園だから、中国人は皆、日本に引っ越して来いという意味ですか」と書いてあったことだ。

私の記事にはそんなことは書いていない。もしかしたら、この人は、近年増えている富裕層の日本移住に不満を持っているのではないか、と感じた。

このときも、誤解を解こうと丁寧に返信したが、理解は得られなかった。それどころか、「あなたは中国に友好的ではない。もうジャーナリストをやめろ」という趣旨の返信があり、その日は一日中、気持ちが沈んだ。

こうした体験は、長い記者人生の中で、そう多くはない。中国で取材した人の多くは、日本のメディアは中国とは異なることをある程度わかっていて、私にも節度ある態度で接してくれた。ある中国人は「自分を題材として、いまの中国を日本に紹介してくれるのはありがたい」といってくれた。

ある意味、私が何を書こうが気にせず、人間として私を信頼してくれていたし、そもそも中国に住んでいるので記事を見る機会もなかった。

在日中国人の場合、日本語のメディアを読むことがある。私の記事に、わずかでも中国に否定的な部分があると、「あなたも結局、中国批判する日本のメディアの一員」と切り捨てる人がこれまでもいた。遠慮のない発言は、私を「親しい間柄」と思っている可能性もあるが、日本人同士のつき合いではあまり見られない攻撃性に私は戸惑い、取材先とのつき合いの難しさを痛感させられた。

あまりしっかり見ていないのに、日本のメディアは反中的だと決めつけ、そのスタンスからしか日本のメディアを評価できない。そして、メディアは宣伝機関（プロパガンダ）であるという、古い中国の価値観、メディア観を引きずっており、ある意味、中国にいる人々よりも遅れているのでは、と感じた。

「メディアの中立性」について語っても理解してもらえないことに、私はある種の絶望感のようなものを覚えた。

同じ国の違う「世界」に住む私たち

在日中国人のSNSでは、中国在住で、非常に親中的な、ある日本人を褒めたたえる投稿を見かける。「中国で最も有名な日本人」として、近年脚光を浴びている人だ。中国政府の支援を受けているのではないか、と噂する人もいる。日本のメディアにもときどき登場するが、私が知る限り、日本での知名度はあまり高くない。

彼の仕事を宣伝する親中派のＳＮＳからは、「その人だけは絶対的な中国の理解者だ。中国のいいところをこんなにも日本に紹介してくれている。なんてありがたいことだろう。私たちが彼を応援しなければ、ほかに一体、誰が応援するというのか」といった「空気」が感じ取れる。

しかし、その宣伝はウィーチャットや小紅書などでのみ行われるので、それを見ているのはほとんど中国に住む中国人や在日中国人だ。日本で行われるイベントの宣伝なのに、日本人の間にはあまり情報が拡散されない。

そして、一部の在日中国人がその人を応援すればするほど、日本では「あの人は中国に肩入れしている」「親中的である」というレッテルを貼られて、中立的に評価してもらうのが難しくなってしまう。

これも、日本人と中国人が同じ国に暮らし、一見、同じように生活しているように見えるが、実際はそれぞれ見ているメディアが異なり、住む「世界」が異なっていることが関係している。

しかし、私たちは同じ東洋人で、外見が似通っていることもあって、そうしたギャップが存在することになかなか気がつかないのではないか、と考えさせられる。

第　4　章

日本に来たい中国人
中国に帰りたい中国人

著名人も続々、最近日本に移住した新・新華僑

二〇二三年四月、東京・六本木ヒルズにある高級ホテルの宴会場で開かれたパーティーに参加した中国人男性から聞いた話だ。

「男性はタキシード、女性はロングドレスが多いパーティーでした。中国の大物経営者である主催者は、（破綻した）中国恒大集団より大きい企業の創業者。数年前に来日して以来、日本のファンになり、七〇代で日本に新居を構えることになったそうです。パーティーは引退した彼が、中国の企業家、日本の政治家らと交流会を開くという名目ですが、彼の引っ越しのお披露目も兼ねていたそうです」

男性は続ける。

「中国の企業家らの参加費は、日本での数日間の研修費、滞在費なども含まれていたそうですが、なんと一人三八万元（約八〇〇万円）。日本からの参加者には大物政治家や高名な学者もいて、参加費は無料どころか数十万円の謝礼を支払ったそうです。

パーティーに箔をつけるため、日本人に参列してもらったようですが、中国人の間では

『日本の名士って安いね』と噂されていました。最近、こういう形で日本人にも出席してもらうケースが多く、顔ぶれは親中の大物で、だいたい同じメンバーです」

中国で厳しいゼロコロナ政策が実施されたのは二一〜二二年。二二年三月から五月にかけて、上海でロックダウンが行われ、多くの中国人が苦しめられた。その最中から日本など海外に「潤《ルン》」（移住）する人が増えたことは前著『中国人が日本を買う理由』に記した。二四年以降も、日本に移住する人が後を絶たず、富裕層や芸能人の「引っ越しパーティー」が続々と開かれている。

日本でも、アリババ創業者のジャック・マー（馬雲）氏がボディーガードを引き連れて歩く姿は都内のあちこちで目撃されており、私の中国人の友人も「銀座の高級中華料理店にいた」「神保町で見かけた」などとSNSに書き込んでいる。彼が二三年、東京大学の東京カレッジ客員教授に就任したことは日本でも報道された。

同じく二三年には巨大コングロマリット、杉杉集団の創業者、鄭永剛氏が都内で亡くなり、中国のSNSで「まさか、日本にいたのか……」と話題になった。

香港の俳優で中国映画にも多数出演しているトニー・レオン（梁朝偉）氏、イーキン・

チェン（鄭伊健）氏らも日本に居住しているといわれる。経済界、芸能界、プロローグに書いた書店経営者、作家、ジャーナリストなど、文化分野でも日本への移住者は増えている。

だが、彼らの中でも、とくに経済界、芸能界の人々は、日本に「潤」したことを公表していない。「中国が嫌で日本に逃げてきた」と中国政府に思われないように注意深く行動しており、メディアへの露出を嫌う。都内の地下鉄駅のホームで写真を撮ってＳＮＳに載せ、示唆はしているものの、短期滞在の一般観光客のようにふるまっている。他の富裕層もそうだが、彼らは日本に拠点を持ってもじっとしておらず、しばしば中国や欧米などに出かけて、回遊魚のように生活している。

彼らのような有名人にはなかなか接触はできないが、近年来日した中国人を私は「新・新華僑」と位置づけ、ウォッチしてきた。横浜や神戸の中華街の中国人が「老華僑」、改革・開放後の八〇年代以降、日本に留学や就職でやってきた中国人が「新華僑」。では、二二年以降に来日した彼らは、一体どのような生活を送っているのだろうか。

莫大な資産を築いた三〇代、日本で「余生」を送る

上海出身で四〇代前半のIT関連企業の経営者、王鳴氏は二二年秋に東京・港区にある約二億円のタワーマンションに妻と娘の三人で越してきた。上海のロックダウンを経験し、中国に住み続けることが不安になった。娘の教育を心配したことも理由だ。現在はリモートで働く。来日して探したのは、中国人の専属運転手とお手伝いさんだ。

「日本ではアプリを使ってもなかなかタクシーがつかまらないと聞き、友人の紹介で雇いました。月給は四五万円。お手伝いさんはその運転手のツテで探しました。上海に近い江蘇省の出身なので、家庭料理の味つけも我が家と似ているし、日本に何年も住んでいる主婦なので、日本の生活習慣も教えてもらえます」（王氏）

運転手に通訳してもらって、都内の百貨店で買い物をし、日用品はネットで購入する。ミシュランの星つきレストランの食べ歩きが趣味になっている。空前の円安で、「高級料理の価格は中国の半額。安い上に中国より美味しい」と喜んでいる。

内陸部の出身で三〇代前半、独身の陳鳳氏は東京・新宿区のタワマンに住む。最上階で、

広さ約二〇〇平方メートルの部屋を独り占めしている。

大きな窓ガラスがあるリビングからは富士山の絶景が望めるが、陳氏はほとんど家におらず、「日本百名山」の制覇を目指して全国各地を歩き回っている。

陳氏を紹介してくれた在日中国人によると、陳氏の資産は「数百億円はあるのではないか」という。資産を築いた経緯について、本人は「いえない」と笑うが、以前は北京で医療関係の仕事をしていた。新型コロナが流行したとき、中国で国家衛生健康委員会ハイレベル専門家チーム長をつとめ、メディアにもしばしば登場した医師の鍾南山氏などと接点があるという。

農村出身で、幼い頃に何度も「飛び級」で進学。高校生のときは、知人から「息子の替え玉として高校受験してくれないか。謝礼に一〇〇万元（当時のレートで約一六〇〇万円）以上支払う」と頼まれたことがあったという。

ブランド品への興味は一切なく、ラフなスポーツウエアが好み。ルーティーンは早朝の瞑想と読書、ランニング、そして登山だ。唯一お金を使うところといえば、ミシュランの星つきレストランのシェフを連れて、漁船を貸し切り、釣った魚を料理してもらって食べること。いまの中国には、陳氏のように、事業で莫大な財産を築き上げ、三〇代で「余生」に入る人が少なくない。

日本の文化や芸術を愛し、人生を謳歌

プロローグで紹介した東京・神保町で「局外人書店」を営む趙國君氏も、二二年に日本移住を果たした新・新華僑だ。趙氏は七二年生まれ。高校卒業後、税務の学校に進学。公務員として一〇年以上働いたあと、北京にある中国政法大学で学んだ。その後、法律学者として法律関係の書籍を出版したり、社会活動を行ったりしてきた。ＮＧＯの代表として国連人権会議に招待された経験もある。

以前から明治維新など日本の近代史に関心を持っており、日本移住を考えていたが、コロナ禍の影響で出国が延期となった。

趙氏は「その間もずっと家族で『日本化生活』を送ってきました。たとえば、冷たい水を飲み、薄着をするなど。妻や子どもたちも、日本のテレビや絵本を来日前からたくさん見たり、読んだりしていました。そのせいか、すぐに日本の生活に馴染めました。移住は、中国

の政治問題が大きいですが、私は子どもたちに中国国内の教育を受けさせたくないと思ってきた。そうした気持ちが高まって、日本にやってきたのです」と語る。

二三年一二月に書店を開店した。

「書店は文人の理想。憧れがありました。当初、書籍は販売せず、会員制にして、サロン形式で定期的に講座を行うスタイルにしました。サロンがあれば、いろいろな人と交流ができ、学ぶ機会が多いからです」

歌手の妻は来日後、児童合唱団を作ったほか、中国人の子ども向けに書店内で絵本の読み聞かせ会を定期的に行っている。二人の子どもは都内の区立小学校に入学し

神保町の『局外人書店』で開かれる絵本の読み聞かせ会（写真提供・局外人書店）

た。趙氏は「特別にいい学校に入れたいという考えはありませんでした。ごく普通でいい。日本の普通の学校で、伸び伸びと勉強してほしいというのが私の願いです」

今後は書店内で古本の販売を行う予定だ。趙氏のＳＮＳを見ていると、日本の文化や芸術を愛し、美食、美酒を楽しんでおり、日本での人生を謳歌しているのがわかる。

日本に「とりあえず」移住する人々

知人の中国人から教えてもらったのは、六〇代で来日した歯科医師の話だ。その人は中国の大都市で勤務医として働いたあと、独立して院長までつとめた。しかし、日本で働けないかと考え、都内で中国人が経営する歯科医院に打診してきたそうだ。日本の医師免許は取得していないため、歯科医としては働けないが、患者の矯正プランなどを作成する医療コンサルタントとして採用されたという。

知人によると、その人は日本に移住したい理由を明かさなかったが、来日をかなり急いでいたという。

「中国ではもともと医師の地位が低く、給料も安い。これまでは患者からの付け届けなどで補塡してきましたが、『反腐敗』を掲げる習近平政権になって取り締まりが厳しくなり、このまま中国で医師を続けられないと感じたのではないでしょうか。ゼロコロナの影響で病院が経営難に陥ったという理由も考えられます」（知人）

医師、弁護士は、日本では社会的地位も収入も高い仕事だが、中国ではそうではなく、むしろ逆だ。弁護士でも、国際業務ならばまだいいが、国内の企業法務などは報酬がかなり少ない。そういう人の中には、日本に移住し、弁護士事務所で中国関係の仕事をしたい、と考える人も増えているという。

取材していて感じるのは、一部を除き、最近の移住者は日本に対する憧れや関心はあまり持っていないということだ。日本への一定の理解はあり、日本人に好意は持っているものの、これまで日本との接点はほとんどなかった。むろん、日本語もできない。そのため、努力して日本に溶け込みたいと考えているわけではない。

あくまでも身の安全や資産のリスクヘッジなどのために、とりあえずの転居先として「近い、安い、治安がいい」、そして在日中国人も多く、協力者が身近にいて便利な日本を選んでいるに過ぎない。プロローグに書いたように、当然、友人はほとんど中国人だ。

かつての中国人は、日本に来たら、日本社会に溶け込むよう努力したものだったが、今はそうではない。日本に来たら、まず日本の「中国人社会」に溶け込むのだ。

「とにかく中国を出たい」が生む不正

ある中国人の行政書士から、「潤」してくる中国人の一部が「経営・管理ビザ」を不正に取得しているという話を聞いた。

それは、「何が何でも中国から脱出したい」という目的の人が増えているということと関係する。その行政書士はいう。

「たとえば、中国人ブローカーを雇い、ダミー企業の登記簿や架空の事業計画書を用意させ、そこの社長となって『経営・管理ビザ』を出入国管理庁に申請する、などです。また、実態のない日本企業に在籍し、業務は行わないのに、そこで『技術・人文知識・国際業務』という別の就労ビザを不正取得するケースもあります。日本企業に就職する形をとれば、経営・管理ビザよりも初期投資が少なく、取得までのスピードも速いため、こうしたやり方をとる人がいるのです」

そもそも経営・管理ビザとは、法務省のサイトによると「日本で貿易、その他の事業の経営を行い、または当該事業の管理に従事する活動を行うための在留資格」だ。

取得要件は、①申請にかかる事業を営むための事業所が日本に存在すること、②五〇〇万円以上の投資があること、または二名以上の常勤職員がいること、③事業内容が実現可能であること、および安全性、継続性があること、など。

在留できる期間は三カ月から五年までの五種類あり、通常は一年間取得できるケースが多い。

富裕層の多くはビザを取得するために、中間業者である移民コンサルタント会社などに依頼。そこを通じて行政書士に手続きを依頼するという流れだという。

この行政書士は「移民コンサルタントは、行政書士を利用して富裕層を騙し、彼らから莫大な利益を得ています。こうした中間業者こそ大きな問題」と語る。

もちろん、日本で真面目に事業を行おうとする人もいるが、中には納税義務を果たしていない人もいる。このような問題が起こる背景には、「とにかく中国を出たい」という目的があるからだ。

行政書士は「問題なのは、経営・管理ビザが『移住のための隠れ蓑』になってしまっていること。移住したあと、日本でやりたいことは別に何もない、という人が実は多いんです。移住自体が『やりたいこと』なのですから」といった。

日本で暇を持て余している富裕移住者

実際、行政書士が指摘するように、日本に移住しても仕事をしていない富裕層も多い。来日後、飲食店などを形式的に開業しても、日本語ができないので、店に出ることはできないし、その気もない。

以前、取材した中国系不動産会社の社長のもとには、移住者から「暇を持て余しているのだが……」という悩みが寄せられるという。その社長が話してくれた。

「最初のうちは家具を買ったり、観光したりと忙しく過ごします。日本は生活環境がいいので満足ですが、一〜二カ月もすると飽きてきてしまう。日本は中国と違って、クルマがクラクションを鳴らすことも少なくて、街は静か。社会が整然としています。

彼らにとって『日本は物事が予定通りに進みすぎて刺激が少ない』そうです。最近は新しくやってきた『富裕層コミュニティ』がいくつもできていて、メンバーとゴルフやハイキング、旅行に行くそうですが、それは二～三日で終わってしまいます。日本では、長年の友人や気の合う友人は少ないですし、地図アプリがあっても、馴染みのない日本では自由自在に動けない。ターミナル駅で迷っても、日本語が不自由だから、駅員に聞くこともできません。

中国にいるときにはウィーチャットのメッセージが朝から晩まで一日中うるさいくらいに届き、電話もたくさん鳴るのですが、周囲の人は、彼が日本に引っ越したことを知っているので、電話も少なくなる。つまり、だんだん寂しくなるわけです」

この話から、二二年に日本移住した二九歳（当時）の男性に聞いた話を思い出した。中国から脱出できてホッとしたと語っていたこの男性も、数カ月後には「日本人はお行儀がよすぎる。窮屈だと感じます。地下鉄でも、ちゃんと座って、静かにしていないと周囲の目が集中する。安定した日本での暮らしは私が望んでいたものでしたが、ときどき中国にいるときとは違ったストレスを感じます」と話していた。

そこで、ある移住者は「画期的な暇つぶし」を思いついたという。

朝ゆっくり起きて、あえて遠くのホームセンターまで出かけ、クギなど大工道具を少しだけ買ってくる。ポイントは買い物を全部しないこと。足りないものをまた別の日に買いに行く。家に戻って、そのクギを使ってのんびり棚を作る。そのうちに夜になって一日が終わる。そんなふうに暮らせば、一日がつぶせると話していたそうだ。

ほかに「一日中、釣り堀で過ごす」や「都内のミシュランの星つきレストランに一日一軒ずつ通う」などを教えてくれたという。

政治リスクがなく、平和で安全な日本での暮らしは彼らが心から求めていたものだ。だが、心の中にぽっかり穴が開いている人もいる。

日本で学ぶ中国語ＭＢＡプログラム

ＪＲ総武線、大久保駅（東京・新宿区）から徒歩五分ほどの距離に、一九年に開設された桜美林大学新宿キャンパスがある。そこに同時期に開設されたのが「中国語ＭＢＡ（経営学修士）プログラム」だ。

同大学院長、国際学術研究科長も兼任する雷海涛教授の研究室を訪ねた。雷氏は六二年、北京市出身。名門の浙江大学を卒業後、八六年に来日。東京大学大学院博士課程を修了後、長く東芝で働き、中国室長などをつとめた。一八年に同大学に転職、グローバルビジネスなどの科目を指導する傍ら、中国語ＭＢＡを統括している。

「ＭＢＡの基本科目に加えて、日中ビジネス、日本企業の経営史、ガバナンス、日中イノベーション、事業継承など、中国人経営者が関心のある分野の授業を揃えているのが特徴です。二四年度は一九人の中国人が入学しました。

授業、論文執筆、ディスカッションなどはすべて中国語で行い、講師は桜美林の中国人教授や講師、中国語で授業ができる日本人などに依頼しています」（雷氏）

日本で、中国語でＭＢＡを取得できるのは二四年現在、同大学だけ。大学はとくに宣伝はしていないというが、多くが口コミなどでその存在を知り、入学してきた。

学生は二〇～五〇代の経営者や起業経験者で、平均年齢は三五歳前後。彼らの多くが創業者だ。日本語はほとんどできず、入学を機に来日した人が多い。入学者は留学ビザを取得できるが、日本支社を作るなどして、経営・管理ビザを取得してくる人もいるという。

卒業生は桜美林大学の学位を取得できる。

学生が経営する業種はさまざまだが、中国である程度成功した人が多いという。

「彼らは日本企業の持続性や後継者問題、ファミリービジネス、人材育成などにとくに関心を持っています。中国では大きくなった民営企業でも、創業二〇〜三〇年程度で、これから継承問題が起きてくる。後継人材をどう育てるか悩んでいる人が多いですが、国内には先例が少ない。

しかし、日本は一〇〇年以上続く企業が世界で最も多く、約三万社もあるといわれていますので、その秘訣を学びたいと彼らは思っています」（雷氏）

学生の入学目的は大きく三つある。一つは久しぶりに学生に戻り、キャンパスライフをもう一度味わうこと、二つ目はMBAの学位取得、三つ目はさまざまな経営者と交流したりディスカッションしたりして刺激し合い、視野と人脈を広げることだ。

バブル崩壊、少子高齢化――日本から何を学ぶのか

なぜ桜美林大学は中国語MBAを開設することになったのか。

「そもそも大学創立者の清水安三氏が北京に学校を設立したというルーツがあり、中国と親

和性が高い。これまでも中国の多くの大学と留学生を交換した実績もあります。少子化により、どの大学も学生確保に頭を悩ませていますが、中国語ＭＢＡは人数こそ少ないものの、今後の大学の生き残り戦略の一環といった側面もあります。

これらに加え、近年の大きな特徴として、日中ビジネスの潮流が、これまでの日本から中国へ、という流れではなく、中国から日本へという逆方向の流れに大きく変わってきているという点も挙げられます。

中国では近年、「游学《ヨウシュエ》」（視察・研修ツアー）が流行していますが、『日本から学びたい』、あるいは『日本をマーケットとして考えている』という経営者が多く、日本経済、日本株などへの関心も高いです。

バブル崩壊、少子高齢化など『中国の日本化』も指摘されていますが、中国がこれから直面する問題の多くは、日本が先に経験しており、学ぶことが多い。そうした流れの中で開設に至りました。

私は中国人経営者などを招いて講演してもらう日中ビジネスサロンを不定期で開催していますが、新宿キャンパスは都心の便利な場所にあるので、各種セミナーや研究会なども含

め、これからさまざまな活動ができると考えています」(雷氏)

中国語MBAプログラムが各国で広がっている

一方で、彼らが日本で中国語MBAに入った背景には、中国の事情もあるそうだ。

「会社経営が一段落した彼らは『学びたい』という強い意欲を持っており、当然、中国の大学でのMBAを取得したいと考えていましたが、現在、中国の大学院は現役の学部生が有利で、社会人が入学しづらい状況にあります」(雷氏)

二〇二四年三月、中国教育部(文部科学省に相当)の発表によると、二〇二三年の中国の大学院の受験生は約四〇〇万人だったが、合格者は約一三〇万人。うち修士課程は前年比四%増の約一一四万人、博士課程は一〇%増の約一五万人だった。就職難のため、学歴を少しでも上げ、自分に付加価値をつけようと大学院に進学する学部生が多い。

また、中国の経営者の中には、これまでMBAやEMBA(エグゼクティブMBA)で学んで異業種の人脈を築いてきた人が多かったが、習近平政権下で、中国共産党幹部と経営者の癒着を懸念する動きがあることも、彼らが中国国内でMBAを取得することを躊躇する流れと関係している。

こうした理由により、海外でＭＢＡを取得する動きが広がっている。

シンガポール国立大学では九〇年代から中国出身者向けにＥＭＢＡを開始した。韓国の慶熙《キョンヒ》大学も六〇〇人が入学できる中国語ＭＢＡを開設し、一年半で学位が取得できる。タイなどでも同様の動きがあり、今後もこうした取り組みをする大学が続々と出てくる見込みだ。

ちなみに、中国の大学のＭＢＡの学費は、学校によって異なるが、日本円に換算して八〇〇万円以上することがざらだが、桜美林大学の場合、約二七〇万円（二四年四月現在）と中国の半分以下となっている。

日本の不動産を建設するのも、買うのも中国人

日本政府は、深刻化する人手不足に対応するため、外国人労働者を増やそうとしている。二三年六月、外国人のために一九年に開始した「特定技能制度」を見直して、熟練した技能を持つ外国人が就労できる業務の拡大を決めた。

特定技能には、在留期間の上限が五年で、一定の技能があれば取得できる「一号」と、在

留期間に上限がなく、家族を帯同できる「二号」がある。政府は「二号」を見直し、これまでの建設、造船・船用工業の二分野から、漁業、農業、運送業、林業など一一分野一六業種に拡大した。

厚生労働省の発表によると、二〇二三年一〇月時点で、日本で働く外国人労働者数は約二〇四万八六〇〇人。前年から約二二万六〇〇〇人増えた。

国籍別ではベトナムが最多の約五一万八〇〇〇人で全体の四分の一を占めるが、二位は中国で約三九万八〇〇〇人、三位がフィリピンで約二二万七〇〇〇人だ。

二〇二三年六月の時点で、「特定技能」一号の資格で日本に滞在する外国人は約一七万三〇〇〇人いるが、「二号」は在留期限がなく、家族を帯同できるとあって、今後増えていくことが予想される。

前述の行政書士は語る。

「物流の二〇二四年問題などもあり、トラックやタクシー運転手などの仕事で日本に来たい中国人は多いと思います。日本のほうが楽に稼げると思っている人もいます。

それに、（中国は）大都市、地方都市にかかわらず、建設途中で放置された建物が多数存在し、職を失って困窮している建設関係者、労働者が多い。日本の特定技能制度は、そうした人々の受け皿にもなり得るかもしれません。これからは日本の不動産を買うのも中国人、建設するのも中国人、という時代が遠からずやってくると思います」

日本語が上達しない理由

中国人留学生の人数は一三年六月時点では約一〇万三六〇〇人だったが、一八年六月には約一二万二八〇〇人に増加した。コロナ禍を挟み、一時的に減少したが、二三年一二月末には再び約一三万四六〇〇人へと増加している。

プロローグで紹介した学生のように、日常生活のすべてにおいて、中国人とだけつき合い、中国に住んでいるときとほとんど変わらない生活を送る若者もいる。それを、四〇代のある在日中国人は「まるでリモートワークしているようだ」と表現した。

留学生の日本語力が落ちている問題について、横浜市で日本語教師をしている日本人の友人に聞いてみた。その教師が教えていたクラスはネパール人が多く、中国人は少なかったそうだが、彼らは「非常に出来がよかった」そうだ。だが、「もし彼らの日本語が上達しない理由があるとすれば」との前提で、次のように指摘してくれた。

「一部の中国人留学生の質が落ちている」「裕福なのでアルバイトせず、中国人同士で過ごす時間が長い結果、生の日本語を聞いたり話したりする機会が少ない」「ＳＮＳの影響で、日本のテレビなどのメディアに触れる時間が少ない」「人手不足（売り手市場）で、求められる日本語のレベルが下がり、学習の必要性、モチベーションが下がっている」

「日本生まれ？」と思わせるほどの語学力

一方で、日本語を完全にマスターし、日本の大学に溶け込んでいる留学生もいる。

取材したのは二三年三月に東京音楽大学を卒業したばかりの殷《いん》俊傑氏だ。

殷氏は九八年、上海市生まれ。四歳くらいの頃、通りかかった楽器店で見たピアノに魅了され、習い始めた。八歳で、現在も専門的に学んでいるクラリネットと出合った。通っていた小中学校の吹奏楽部でもクラリネットを演奏したという。

将来はプロのクラリネット奏者になりたいと思い、高校時代は音楽大学受験のため、特別レッスンに通った。

「上海音楽学院という有名な音大の教授の特別レッスンを受けました。当時一回（約二〇～五〇分程度）のレッスン料は一五〇〇元（当時のレートで約二万七〇〇〇円）くらいでしたが、翌年には一回二〇〇〇元（同約三万六〇〇〇円）に跳ね上がりました。ソルフェージュ（音大受験に必須とされる基礎学習の総称）も習いました。こちらも一回一五〇〇元くらい。午前と午後クラスがあり、一度に三〇人くらいの生徒が教えてもらっていました。先生はそれを週四回、行っていました」

ざっと計算しただけでも、先生の懐には一カ月に一四〇〇万円以上のレッスン料が入るが、こうしたことは他の教授も行っており、上海の音楽界では普通だという。しかし、殷氏は、上海の音楽の試験（管楽器部門）でトップの成績だったにもかかわらず不合格となってしまった。別の大学に入学したが、諦めきれず、日本の音大を目指した。日本の木管楽器、とくにクラリネットは世界でもトップレベルだからだ。

「上海で日本語を三カ月勉強してから来日し、日本語学校でも勉強しました。同時に、受験のため、ヤマハ音楽教室でクラリネットやピアノも改めて習いました。受験科目はソルフェージュや日本語、実技などでしたが、無事に合格。学部に入学できた外国人は私を含め

て二名だけでした」（殷氏）

入学したのは音楽学部音楽学科器楽専攻。クラリネットを選んだのは殷氏を含め八人。ピアノや声楽、ヴァイオリンを専攻する学生が多く、クラリネットは少数派だ。殷氏によると、他の一般の大学と同じように、中国人留学生は大学院から日本に来ることのほうが多い。音大では武蔵野音楽大学、洗足学園音楽大学などに入学する中国人が多いという。

殷氏は東京音大で著名なクラリネット奏者の四戸世紀《しのへせいき》氏、野田祐介氏らに師事し、指揮の勉強も始め、充実した時間を過ごした。

殷氏と話していて驚くのは、その高い日本語力だ。初対面のときは「日本生まれかな」と思ったほどだった。日本語が流暢な社会人にはこれまで何度も出会ったことがあったが、大学生では珍しい。

そのことを率直に殷氏に話すと、「先生の話す音楽用語、細かい表現、指導などが理解できないと演奏できませんので、日本語はしっかり勉強しました」という。東京音大に在籍していた中国人メンバー、約一二〇人のＳＮＳグループや、上海の友人らのグループには入っているが、いまでは日本人音楽家とのつながりのほうが深いという。

大学卒業後は科目履修生として一年間大学に残って勉強を続けている。音大の卒業生の進路としては、留学、一般企業への就職、交響楽団に入団、音楽教室を運営、フリーランスとして自主公演を行うなど、いくつかの道がある。殷氏の進路はまだ決まっていないが、交響楽団への入団を視野に入れている。

中学三年で来日、日本の公立高校へ

日本に留学する学生は、中国の高校を卒業後に日本の大学へ、また中国の大学を卒業後、日本の大学院に進学することが多いが、親の仕事の都合などで、もっと若くして来日する人もいる。通常より早く日本語を学ぶため、日本語が流暢であることが多いが、思春期に来日したこともあり、他の留学生と異なる悩みや葛藤を抱えている。

私がそれを知ったのは、李征氏に出会ったことからだった。李氏は中国の大学で教える私の日本人の友人の知り合いだ。二四年の春節の時期、都内でその友人と会う際、同席したのが彼だった。

事前のやりとりで、李氏も「かなり日本語が上手」だと思った。前述の殷氏と同様、普通、留学生の日本語はここまで流暢ではない。しかし、会ってみてわかった。李氏は一五歳で来日し、日本語を勉強していたからだ。

李氏は〇一年、東北部の遼寧省で生まれた。中学まで地元で生活したが、高校進学を前に来日した。父母が日本に働きに来ていて、呼び寄せられたのだ。

「両親が日本に来たのは、私が小学二年か三年のときでした。当時は日本の給料が高かったからだと思います。地元（遼寧省）で中華料理のコックをしていた父は、日本でも池袋の中華料理店でコックをしています。母も同じ店で働いています。

両親が日本に行ってからは祖父母と三人で暮らし、両親に会えるのは一年に一度か二度だけでした。私が来日したのは一七年、中学三年のときです。その一年前から日本語の勉強を始めて、来日後は池袋にある中国人向けの日本語塾で一年間勉強しました。それから埼玉県川口市の公立高校に入学しました。

入学試験では、国語は免除、他の科目は日本人と同じように受験し、日本語の面接がありました。確か、趣味や高校でやってみたいことなどを聞かれたと思います」

李氏によると、同学年には李氏を含め六人の中国人がいた。男子が三人、女子が三人で、福建省、西安、上海の出身だった。前後の学年は、中国人は各一人だった。

高校は校外から特別に教師を招き、国語の補習をしてくれた。そのおかげで、日本語はすぐに上達。小学校のときから習っていた書道部にも入部した。

「でも、日本人の友だちはできませんでした。同級生の中国人とは仲がよく、いまでもグループチャットで話したり、会ったりしています。同じような境遇の彼らが一緒だったからがんばれたと思います。両親と数年ぶりに一緒に暮らし始めましたが、最初は慣れず、ぎこちなかったですね」

日本の進学塾で、中国人子弟を指導する

高校卒業後、李氏は都内の私立大学理工学部機械工学科に進学した。興味のある分野だったからだ。大学入学後、大学から来日した中国人と知り合いになった。同じ学科にも十数人の中国人がいるというが、話していて違和感があるという。

「彼らは授業の日本語がわからないことも多くて、よく私に意味を聞きに来ます。あと、日本人の女の子に、どう話しかけたらいいのか、なんて聞かれることもあります。そういうと

きだけは連絡がありますが、それ以外、連絡はありません。中学から日本に来た高校の仲間とは少し違う感じがします。

彼ら（大学からの留学生）は日本で就職したいと思っていないのか、あまり日本人と関わりたくないと思っているようです。親も友だちも全部中国にいますし、中国で就職したいと思っているようです。なので、日本の大学にいる四年間は遊ぶ時間だと割り切っているのではないでしょうか。親からの仕送りがあるので、アルバイトもしない。暇だから、ネットゲームやドライブをしたり、バイクに乗ったりしています」

李氏はアルバイトとして、有名な進学塾チェーンで数学や理科、国語も教えている。有名高校を目指す中国人の子どももいて、中国語で国語（日本語）を教えることもあるという。

先述したように、いま、日本の進学塾には中国人の子どもが増えているが、李氏のような中国人アルバイト講師が下支えしている面もあるのだ。

来日時期で、留学生の境遇はまったく違う

李氏が来日して六年以上が過ぎたが、この間に中国はずいぶん変わった。日本の大学の長

期休暇は中国に帰省するが、以前は帰るたびに物価高を感じた。最近では逆にデフレが始まり、価格が下がっているものもあるが、いずれにしろ社会の変化を感じるという。

日本で過ごした六年間で変化を感じることはあるのだろうか。

「高校時代、ショッピングモールに行っても、中国語を話せる店員はいませんでした。でも、いまではどこに行っても中国人の店員がいますよね。日本なのに、中国語だけでも生活できるくらい。在日中国人を取り巻く環境は、かなり変わってきたと感じます」

李氏は、日本では基本的に日本語で話す。自然な日本語のため、中国人だと思われることはほとんどないが、中国人だとわかると「日本語がお上手ですね」「日本の大学に日本人と同じ試験で受かるなんてすごいですね」といわれる、と少し複雑な表情を浮かべた。

李氏に、日本生まれの中国人、李氏のように高校から来日した中国人、大学から来日した中国人の違いについて聞いてみた。

「日本生まれ、日本育ちの中国人はほぼ日本人と同じですね。中国語が少しできたとしても、考え方もほとんど日本人。高校から来日した私たちは中国人に見られるときもあるし、日本人のように見られるときもあり、どっちつかず。中途半端かもしれません。大学から来日した中国人は完全に中国人だと思います」

李氏によると、日本の大学で中国人留学生が申請できる奨学金も、来日時期により違いがある。高校入学時に来日した李氏たちは奨学金の対象外で、大学から来日した中国人だけしかもらえないことが多いそうで、「不公平だと思います」と語る。

大学から来日した同級生の中には、中国の厳しい高考《ガオカオ》（中国の大学入学統一試験）を受験せず、日本の大学は受かりやすいという理由で留学を選んだ人がかなりいる。李氏は高校受験の際は優遇措置があったが、大学受験ではなかった。

高校三年間でつまずけば、日本の大学に入学するのは難しい。かといって、中国に帰って高考を受験するのはもっと難しい、という厳しい立場に立たされている。

「自分は半分中国人で、半分日本人」

李氏は自身のアイデンティティに関しても揺れている。

「自分は半分中国人で、半分日本人。中間に立っている感じです。人によって見方は違うので、つき合い方が難しい。高校のとき、この問題でかなり悩んだ時期がありました。いまも答えは出ていません……。

私は日本の永住権がありますが、国籍は中国です。せっかく日本にいるので、このまま大学院に行き、日本で就職したいと思っています。

五〇代の両親は、おそらく将来は中国に帰りたいと思っているんじゃないかな。日本でも、中国的な生活を送っていますし、とくに母は親戚もいない日本での暮らしを心細く思っているると思います。中国に帰れば親戚もいるし、昔の友だちもたくさんいるので心強いでしょう」

李氏の言葉の端々から、彼の苦悩が伝わってくるようだった。

「中国人は直接的に話すけれど、日本人は遠回しに話しますね」と話す李氏は、日本に六年住んでいるからか、日本人的なところがあると感じた。

それは、池袋駅北口の近くで、李氏と私の友人の三人で待ち合わせしたときのことだ。友人は私が池袋の中華料理店に詳しいと思い、案内してほしいといった。李氏も黙ってうなずいていた。

そこで、私は自分が知っている店に案内しようと歩き出したのだが、ふと「李さんもこの辺に詳しいでしょう？　李さんの好きなお店でいいですよ。いいところがあったら教えて」といったところ、少し間をあけてから、遠慮がちに「私の父親の店がすぐ近くにあるんですが……」と切り出した。

「それならそこに行きましょうよ」と私がいい、三人でその店を訪ね、李氏の父親のおススメ料理を食べた。

当日、父親はたまたま休暇で店にいなかったが、李氏が連絡してくれて、ランチ以外の料理も追加で注文し、私たちは楽しい時間を過ごすことができた。

「いいお店を教えてもらってよかった」と友人と話したが、李氏はこのように気を遣う青年だった。

中学の授業後、毎日、日本語塾に通う

東京近郊には、高校受験前に李氏が通ったような、中国人が経営している日本語塾が複数ある。小中学生や社会人を対象としている小規模な塾だ。

友人の紹介で、川口市にあるＮＰＯ法人「在日外国人日本語支援機構」で理事をつとめ、

日本語塾も経営している呉声傑氏と会った。

ＪＲ京浜東北線の西川口駅から徒歩五～六分の場所に、本郷国際日本語学校がある。その学校の二階と三階の教室を夜間だけ借りて、小中学生、高校生、一部の社会人向けに授業を行っている。呉氏自身は毎日午前中、自宅でも授業を行っている。

二四年三月初旬の午後五時過ぎ、呉氏と二階の教室のドアを開けると、一〇人ほどの中学生が、やや後方の席に陣取って、日本語初級の授業が始まるのを待っていた。

呉氏が「どうぞ、彼らに日本語で、どんどん話しかけてみてください」といってくれたので、ゆっくりとした日本語で質問してみた。

教室にいた男子はほとんどが川口市内の公立中学の二年生。ある生徒は来日したのが二二年七月二七日だという。これまで取材したほぼすべての在日中国人同様、彼も日本に到着した日付をはっきり覚えていた。華僑を多く輩出する福建省でも、とくに人数が多い福清市の出身だ。聞けば、教室にいた生徒の半分以上が福建省出身だった。

話はそれるが、この取材の数日後、川口駅東口の広場で行われた『川口日中ふれあいイベント』を見に行った。地元の中国人らの主催で、市内の中華料理店が屋台料理を提供し、特

『川口日中ふれあいイベント』の特設舞台

設舞台では文化イベントが行われた。そこで出会った日中福清工商会の中国人会員によると、「(川口の住みやすさが）口コミで広がり、川口市にはとくに福建省、そして福清市の出身者が非常に多く住んでいる」ということだった。

私も西川口駅近くの中華料理店に行ったとき、壁に貼られた手書きのメニューに「福清炒米粉」「福清炒冬粉」と福清市周辺の人々しか食べない郷土料理名が書いてあるのを見たことがある。それくらい、ここには福清市出身者が集住しているようだ。

さて、この男子生徒に「なぜ日本にやってきたのですか」と尋ねると、はにかみながら小さな声で答えてくれた。

「両親が日本で仕事をしていて、僕に日本に来てください、といった」

日本語で話すのが恥ずかしかったのか、話したあと、両手で顔を隠して盛んに照れていたが、さらに聞いてみると、父親は川口市の居酒屋で働いているという。

「日本の中学校はどう?」と聞くと、「日本は、宿題が少ない」。「中国は?」「宿題、多い。でも、中国で友だちとバスケやサッカーをした。中国に帰りたい……」と消え入りそうな声で答えてくれた。

中学のクラスは三〇人中、中国人が八人いて、「日本人の友だちは少ない」そうだ。

彼らはこの塾で、月曜日から金曜日まで毎日午後五時半から七時四〇分まで二コマ(二時間一〇分)、日本語を勉強している。春節も、国慶節(中国の建国記念日)の大型連休も関係ない。中学校の授業後、いったん帰宅して、着替えてから塾に通う。中には電車で一時間以上もかけて通っている生徒もいるという。

呉氏は「口コミでうちの塾に来る子が多く、他の塾の授業についていけずに来た子もいます。うちは子どもにもわかりやすい指導方法を研究していますから」と話す。

高校卒業後に日本語を習う学生と違い、文法中心で論理的に教えても理解できないこともある。そこで、歌うようなリズムで教えるなど、独自の方法を編み出した。

この日の授業は『みんなの日本語Ⅱ』というテキストを使って、日本人の先生が一人ひとりに丁寧に教えていた。

「落ちこぼれないよう日本語を教える」

三階の授業も見学させてもらった。こちらは小中学生が混じり、男女半々。テキストは『みんなの日本語Ⅰ』で、二階の授業よりもやや易しい。ちょうど、中国人の先生が「あります」「います」という動詞の使い方を教えていたところだった。

中国語で「あります」は「有《ヨウ》」、「います」は「在《ザイ》」だ。「えんぴつがあります」や「猫がいます」など、主語を入れ替えて、「あります」なのか「います」なのかを一人ひとりに回答させていた。

子どもたちは熱心に勉強していたが、いくら元気な小中学生とはいえ、平日、毎晩夜遅くまで勉強するのは大変だ。しかし、日本の学校の授業についていくため、そして、日本で生

週5日、日本語塾で日本語を学ぶ学生たち

活するためには日本語を習得しなければならない。

本人の意思ではなく、家庭の事情で来日し、日本語の勉強のために多くの時間を割いて、クラブ活動にも参加できないし、遊ぶ時間も少ない。友だちは中国語で話せる数人に限られる。

中国での生活とは環境も一八〇度異なる。私は彼らのことが気の毒に思えてきたが、呉氏はこういう。

「何よりも、まず日本語を習得しなければならないので仕方がないんです。日本語がわからずに自暴自棄になって高校を中退し、横道にそれる子もいます。あるいは高校に入ることすらできない子もいます。

日本語ができないと、学校に行きたくなくなるし、悪いグループに誘われる可能性もあります。ですので、とにかく落ちこぼれさせないように、何とか日本社会に適応させるために、私たちは一生懸命、ここで日本語を教えているんです」

私はふと、一九年頃、同じ川口市の芝園団地内の日本語学習会に参加していた小学校二〜三年生くらいの男の子のことが脳裏に浮かんだ。当時、その子は来日して一週間。母親に連れられ、初めて学習会に参加していた。団地内に住む中国人向けの無料の学習会で、誰でも参加できるものだった。

ボランティアの日本人から五十音を教えてもらっていたが、日本語がまったくわからないのに、数日後には川口市内の小学校に入学するという。

数年ぶりに暮らす母親にもあまり心を開いていないように見えた。母親はその子を産んだあと離婚し、中国の両親に預けて自分は日本で働き、仕送りをしていた。そして再婚することになり、その子は日本に呼ばれた。新しい父親は日本人だという。

私は心細そうにしているその男の子の姿が忘れられなかった。あれから五年近く経ち、いまは日本語も上達して、元気に学校に通っているのだろうか、と考えたりした。

社会のマナーやルールも教えている

呉氏はなぜ、ここに日本語塾を開いたのだろうか。

呉氏も福建省福清市の出身だ。九七年に仕事で来日し、〇六年まで滞在したあと、福清市に帰り、日本語トレーニングセンター『一番外語培訓中心』を設立。年間一〇〇〇人以上の中国人に日本語を教えた実績がある。

ここ数年は日中を行き来していたが、二三年、教え子の妻から「私は日本語がまったくできないので、受け入れてくれる学校が見つからず困っている」という相談を受けた。それがきっかけで、川口市内の自宅で教えるようになった。

「日本語がほぼゼロの状態の子どもや社会人に教えています。一八歳未満は、親が家族ビザを申請すれば来日できます。日本語学校にも入学できますが、小中学生にいきなり文法を教えても理解できない。だから、こういう塾が必要なんです」(呉氏)

呉氏の日本語塾は半年から一年間で初級をマスターさせ、学校の授業についていけるようにすることが目的だ。一カ月二〇回の授業で、月謝は五万円。

各家庭の事情や保護者の職業などについて、呉氏は自分から詳細を聞かないようにしているというが、ここでは日本語だけでなく、高校進学の際の面接指導もする。また保護者が忙しく、教える時間がないため、日本のマナーやルールについても指導している。それに保護者自身も、あまり日本語が話せなかったり、日本のルールがわからなかったりする場合もある。

「大声でしゃべりながら歩いてはいけないとか、電車に乗るときにはきちんと列に並ぶことなど、私たちが教えてあげないといけないと思っています」（呉氏）

川口市で毎年行っている「外国人による日本語スピーチコンテスト」にも参加して、彼らのモチベーションを上げることにも呉氏は力を尽くしている。

故郷に帰る意思を固めたマッサージ師

多くの、さまざまな境遇の中国人が日本に移住する一方で、日本で長年働いてきたのに、六〇代になって中国に帰る決断を下した人もいる。

知り合いのマッサージ師から紹介してもらった孫建氏は、埼玉県に住む男性だ。約四〇年前、二〇代のときに来日した。

「経済発展している日本に行けばお金が稼げる。必死に働いて、中国の親を楽にしてあげたい」と考えたからだ。「蛇頭《シャートウ》」（出稼ぎのためのブローカー）は頼まず、先に来日している知人を頼ってやってきた。以来、一日一〇時間以上、懸命に働いた。

当時、日本に来る中国人は、ごく一部のエリート留学生と出稼ぎ労働者が多かったが、孫氏は後者だった。

出稼ぎ労働者の多くはマッサージ師、調理師などのサービス業、建設業などに従事した。九〇年代前半、日本のＧＤＰ（国内総生産）は中国の八倍あり、中国人にとって日本は「憧れの国」「お金が稼げる国」だった。

孫氏は三〇代で一度結婚したが、数年後に離婚。以来、一人暮らしだ。マッサージ師として独立し、自分の店を持った。生活も安定していたが、二三年秋、その店をたたんで、故郷の黒竜江省に帰る決断をした。地元でマッサージ店を開店するためだ。

ＳＮＳで写真を見せてもらった地元の店は、二階建てのきれいなビルで、「もうすぐ看板が完成する」と話していた。

孫氏によると、いま中国は健康ブーム。日本製の青汁や納豆、健康食品などもネット通販でよく売れている。マッサージや整体にお金を使う人も多い。黒竜江省の小さな町で、マッサージが一時間三〇〇元（約六六〇〇円）くらいでも顧客がやってくる。

「黒竜江省だけの習慣なのかは、よくわかりませんが、私の地元では食事会のあと、二次会のような感じで、数人で一緒にマッサージ店に出かける人が多い。だから、一人か二人しか入れない小さな店は流行りません。少なくともベッドを五台、マッサージ師も五人くらいは必要です」（孫氏）

私も同じ東北部の吉林省の中朝国境の町で、地元の人たちと「二次会」として一緒にマッサージ店に行ったことがある。その店はベッドが一〇台以上並べてあり。カーテンなどの仕切りはない。隣のベッドの友人と話しながら施術を受けた経験がある。中国にはそういうスタイルの店が多い。

孫氏は「（中国の）景気が悪く、失業率も高いからか、若くていい人材が集まる。大卒者もマッサージ師になる時代です」という。

マッサージ師の給料は、孫氏の町でもがんばれば月給九〇〇〇～一万元（約一九万八〇〇〇〇～二二万円）くらいになる。孫氏が日本で覚えたマッサージ技術を教えると話すと、「日本式の技術で経験を積んだら独立できる」と喜ばれたそうだ。

日本で必死に働いた日々は、何だったのか

一方で、孫氏を紹介してくれた私の友人はこう語る。

「彼は日本に住んでいたけれど、日本語が上手ではない。日本社会にほとんど入っていなかったから、帰国する決断をしたのだと思います。友人と呼べる日本人もほとんどいないし、お金を稼ぐことが目的で来日したので、日本のことはほとんど何も知らない。だから、日本に対する未練もあまりないと思います。

それに日本にいても、この先の人生は見えている。マッサージ店のお客さんも高齢化しているし、コロナ禍以降はじわじわ減っています。異国の日本で、独りで暮らしてもわびしいだけ。

でも中国では、これから若いお客さんが増えるし、経済がかなり悪いといっても、まだ少しは成長の余地がある。競争も激しいけれど、やりがいがある。若いスタッフも慕ってくれ

る。だから帰国を決断したのではないでしょうか」

こう話してくれた友人は、日本を気に入っており、この先、日本で老後を過ごしたいと考えているそうだ。

私も孫氏の話を聞いて、彼にとって日本での四〇年間は一体何だったのだろうか、と考えた。日本人や日本社会と隔絶して暮らしているという点では、最近来日している富裕層と共通している。四〇年前に来日した彼らは、ただ働くのみで、日本人と交流する時間も、日本を旅行した経験もほとんどない。いま富裕層はタワマンを買い、日本に生活の拠点を設けているが、彼らが関わるのも在日中国人だけだ。そのことに一抹の寂しさを覚えた。

そして、改めて感じたのは、いま日中が置かれている状況だ。

都内の高級中華料理店のオーナーによると、ここ数年、中国から調理師を採用することが難しくなっているという。昨今は日本と中国の調理師の給料の差がなくなってきているため、言葉もわからない日本に来たがらない調理師が増えているそうだ。

中国でも人気調理師となれば、有名店からスカウトされ、引き抜かれることもある。腕がよければ二万元（約四四万円）以上の給料をもらえる。

「日本に行けばお金を稼げる」という時代は終わりを告げ、日本から出ていく人がいる。それはいま始まったことでなく、二〇一〇年に日中のＧＤＰが逆転した頃から、少しずつ始まっていた。

孫氏の話を聞いて、私は改めて日本の「失われた三〇年」について考えさせられた。

第　5　章

多層化していく社会

「身分」を超えて結婚相手と出会える国

二〇二三年末、私は来日して六年になるという、二〇代後半の中国人女性から、結婚したばかりの相手について話を聞いた。

「彼は北京市生まれ、北京大学の出身です。ご両親は会社を経営しています。私は内陸部の小さな田舎町の出身で、両親は小さい企業の会社員。私は内陸部の大学を出て、大学院進学のため、日本にやってきました。

彼とは二年ほど前、在日中国人の食事会で知り合ったのですが、日本でこんないい人と出会えるとは思いませんでした。両親に彼を紹介すると、とても驚き、まさか我が家に北京の親戚ができるなんて夢みたいだ、と話していました」

女性はこういうと、目を輝かせた。

中国では、生まれた場所によって戸籍を分ける不平等な制度がある。都市戸籍（非農業戸籍）と農村戸籍（農業戸籍）だ。都市戸籍の人は進学や就職で有利になるが、農村戸籍の人は都市の大学への進学や企業への就職が難しい。

もし、この女性が北京大学への進学を希望するなら、北京出身者よりも高考（大学統一入学試験）でずっと高い点数をとらなければならない。また、出稼ぎでない限り、北京市に引っ越すことも簡単ではない。日本のように自由な移動はできないのだ。

そのため、この女性が中国に住んでいたままなら、この男性とは出会うことすらなかっただろう。女性は「私たちは身分違い」と話していたが、決して大げさな表現ではない。そのことを彼女の両親もわかっているから「夢みたいだ」と話すのだ。

中国は戸籍制度により、都市出身者と地方出身者の間には高いハードルがある。

地方出身者が都市の大学に進学して恋愛しても、都市出身者の両親が反対する場合もある。地方出身者が、都市戸籍が欲しくて都市出身の異性に近づくケースもある。北京の景山公園、上海の人民公園などで毎週末に繰り広げられる、父母による「代理お見合い」では、釣り書きに身長や学歴、勤務先、年収、父母の職業などのほか、「都市戸籍あり」という一文も添えられているほどだ。

だが、海外に行けば、その壁は取り払われる。日本語学校や大学などで知り合う機会は多く、戸籍や出身大学などは関係なくなる。むしろ「同じ中国人同士」なので親しくなりやすい。戸籍を超え、フラットな状態で知り合うので、このカップルのように、結婚に至るケースも少なくないのだ。

両親も、海外に出てしまった子どもについては妥協することが多い。二〇二四年五月に観たドキュメンタリー映画『結婚しない、できない私』では、農村出身で、北京で働く三〇代のキャリア女性について、親族が執拗に結婚を迫る場面があるが、女性がフランス留学を決めると、親族は諦めた。

中国国内で若者の結婚が難しくなっている現在、海外に行った子どもが、言葉が通じる「同じ中国人」と結婚してくれるなら、ありがたいと考えている。長く続いた一人っ子政策の影響で、適齢期の男性は女性よりも多く、とくに結婚が難しい。このカップルも男性側は三〇代半ばだった。だから双方の両親ともに結婚に賛成してくれたという。

在日中国人の出会いを手伝うサイト

私の知人にも、黒竜江省と湖南省、北京市と広州市の出身者など、遠距離のため中国では知り合わなかっただろう人同士で結婚する例が多い。

甘めの味つけを好む上海人と激辛料理が好きな四川人のカップルでは、最初のうちは食事の味つけでケンカになることもあるそうだ。地域差による料理の好み、生活習慣の違いは日本人夫婦の比ではないものの、ともに海外に住んでいる心細さもあって譲歩するのか、一緒に暮らしていくうちに慣れていくらしい。

第4章で紹介した、埼玉県川口市で日本語塾を運営している呉声傑氏は、中国人同士の出会いの場を提供したいと、ボランティアで『一番有縁』というサイトを立ち上げた。日本語塾に通っていた教え子たちから「結婚相手がなかなか見つからない」と相談を受けたことがきっかけだった。

「日本にはたくさんの中国人が住んでいますが、出身地が違うと生活習慣もかなり違います。学歴や収入、価値観も異なります。それに、将来は中国に帰りたいのか、日本に住み続けたいのか、人生設計も異なります。

そのため、なかなか結婚相手を見つけられず、悩む若者が多い。三〇代になると、中国に住む親御さんも心配するので、何かお手伝いができれば、と思いました」

呉氏によると、二四年二月時点で登録者数は約六〇〇人。サイトには顔写真と略歴を載せてあり、SNSで連絡をとり合えるほか、年に数回、餃子パーティーやバーベキュー大会などを行って、リアルな出会いの場を提供しているという。

これまでに結婚したカップルは三組いるそうで、今後もこうした活動を続けていきたいと話していた。

所得、学歴、地域……在日中国人の社会階層

しかし、日本にやってきた彼らの間には、中国の戸籍制度とは異なる「階層」のようなものが存在する。

それは経済的な富裕度、学歴や文化レベル、居住地域などによる社会階層のようなものだ。親子間の考え方の違いも、広い意味でその階層を形成する要素に含まれる。

エリート留学生もいれば、出稼ぎ労働者もいて、その中間にはもっと多数の層がある。来日の経緯や出身地、日本での暮らしぶりも異なるので、近年はその階層が多層化してきており、一括りにはできない。

彼らは同じ「中国人」ではあるが、生活習慣から価値観など、何から何まで異なるので、

当然同じコミュニティには属していないし、話もまったく合わない。

日本人社会にもある種の社会階層は存在するといっていいが、八二万人以上の在日中国人社会でも同様の階層が生まれているのだ。

そのことを意識していない中国人もいるが、ある階層に属する人々は、他の階層の人々とそもそもまったく交わったことがないため、その存在に気がつかないこともある。

以前、私が通うマッサージ店で働く中国人は、「最近、富裕層の子どもで、漫画家の卵という若い中国人が店に来るようになった」と話していた。

階層が異なるので、本来出会う機会はないはずの二人だが、たまたまマッサージ師と顧客という関係で知り合った。在日中国人が増え、その歴史が長くなってきたことから、こうした現象があちこちで起きている。

北京や上海と同様、東京にも、住民の所得によって富裕層が多いとされる地域はある。たとえば中央区や港区、渋谷区などだ。

法務省の統計（二三年六月）によると、東京二三区で最も中国人が多いのは江東区で、次いで足立区、江戸川区、新宿区、板橋区の順となっている。とくに江東区は一八年から二三年までの五年間の中国人増加率が高い。

二三年に出版した『中国人が日本を買う理由』で紹介した二九歳（当時）の中国人男性も、中国系不動産会社の勧めで、豊洲にある『ブランズタワー豊洲』の五八平方メートルの一室を約七〇〇〇万円で購入したと話していた。

二一年に完成したこのマンションには一一五二戸あるが、男性は「マンション内の中国人のウィーチャットグループに二〇〇人参加している」と話していた。ゴミの捨て方や日本の習慣、近所のグルメ情報、別の物件情報などが流れてくるので便利なのだそうだ。

江東区内で富裕層に人気なのは豊洲のほか有明があるが、中央区晴海、港区芝浦、品川区品川などのタワマンも人気だ。これら「湾岸エリア」は、レインボーブリッジや東京湾が見渡せて、眺望がすばらしいというのが不動産会社のウリになっている。

豊洲に住む男性は「東京タワーが見えるところに引っ越したい」と話していた。東京都庁によれば、文京区や中央区の中国人は、過去五年間で五〇%以上の伸びを示している。「豊洲は中国人が多すぎる」との理由で、富裕層の居住エリアが変わっていくかもしれない。

江東区内では庶民的なエリアの亀戸

中国人が住みやすい「団地」の条件

　同じく中国人に人気の江東区内でも庶民的なエリアの代表が亀戸だ。

「中国人の友だちから、物価が安くて、庶民的で、中国食材店もあるから住みやすい、と勧められ、数年前に千葉県から引っ越してきました。会社は新宿なので、ＪＲ総武線の亀戸駅から一本で行けるし、東京駅にも一〇分ほどでアクセスでき、便利です」

　こう語るのはＩＴ企業に勤務する三〇代の男性だ。一〇年前、遼寧省から来日し、日本企業、中国系企業に勤務してきた。

この人を取材するため、初めて亀戸駅に行ってみると、駅から徒歩五分ほどで商店街があり、激安の青果店や中国食材店がある。同じ沿線の新小岩、小岩の商店街と比べると、それほど賑わっている感じはなく、私が出かけた日の「中国人比率」はあまり高くなかった。

だが、この男性によると、同商店街から西方向に数分ほど歩いた「亀戸二丁目団地」では中国人をよく見かけるという。

「私もそこに住んでいるのですが、とにかく中国人が多いですよ。家賃が安いし、中国の団地のような雰囲気があります。中庭があって、クルマが敷地内に進入できないので、小さな子どもが遊んでいても安心です」

私は男性と一緒にこの団地に足を運んでみた。ここはUR都市機構（独立行政法人都市再生機構）の物件で、保証人が不要。家賃が比較的安く（URによると、1LDK～3Kまで約八万四〇〇〇円～一三万三〇〇〇円）、敷地内にスーパーがあるという諸条件が、中国人比率が五割近い埼玉県川口市の芝園団地と酷似していた。

データだけ見れば「江東区には中国人が多い」としかわからないが、実際、そこに住むのは階層の異なる中国人であり、彼ら同士に接点はない。

安い家賃で資金を貯めて移住する

同じく、東京都内で中国人が増えているのが足立区だ。日本人の間でも、かつてに比べ、近年は若者やファミリー層に人気が出ている。

東京都総務局統計部の調査によると、足立区内に住む中国人は一四年に約八七〇〇人だったが、二四年一月時点で約一万六七〇〇人と約二倍に伸びた。竹ノ塚は東武伊勢崎線の駅だが、東京メトロの日比谷線と半蔵門線も乗り入れているため、乗換なしで銀座や渋谷に行けるなど、交通の便がいい。

竹ノ塚はかつてフィリピン人が多く、「リトルマニラ」と呼ばれていたが、ここ数年は「第二の川口市」のようになってきた。ここにも中国食材店や中国人が多い団地がある。物価も安く、住居費も安い。

二一年に足立区が行った外国人実態調査によると、「足立区に暮らす理由」として「手頃な住居が見つかった」が三〇・八％で最も多かった。物価や住居費の安さを求めて移り住んでくる人もいる。

東京都ではないが、中国人が多いことで知られる埼玉県の川口市の人口は二四年一月時点で約六〇万六〇〇〇人。そのうち中国人は約二万四〇〇〇人で、市内の外国人（約四万人）の半数以上を占める（二位はベトナム、三位はフィリピン）。都心に比べて家賃が安く、一〇年以上前から中国人に人気がある。

UR都市機構の物件である芝園団地はメディアで紹介されて有名になったが、同じ川口市内でも格差が出てきている。川口市に住む知人によると、「家賃が安い芝園団地に住んでいる間にお金を貯めて、川口市内の一戸建てや高層マンションに移り住む人が増えている」という。二三年に川口駅から徒歩四分の場所に完成したタワマン『プラウドタワー川口クロス』も中国人に人気の高級物件として地元では有名だ。

中間層向けのガチ中華

中国人が多い地区に必ずあるのが中華料理だ。新宿、池袋に「ガチ中華」の店が多いのは、そこに行く中国人が多い証拠でもある。留学生が多い高田馬場も同様だ。

日本の中華料理は大きく分けて、ラーメンや炒飯、焼き餃子などを提供する「町中華」、

高田馬場のガチ中華

池袋のフードコート・各地方の軽食（小吃）が食べられる

池袋のガチ中華。写真は1人用火鍋の具材

ホテルなどに入っている「高級中華」、独自のスタイルを築き上げた日本人コックが開店した「創作中華」などがある。

これらの中には、在日中国人が経営し、コックも中国人という店もあるが、顧客は主に日本人で、味つけも日本風だ。横浜や神戸の中華街にある店も、日本人向けだ。

一方、在日中国人を主なターゲットとしている中華料理店が猛烈な勢いで増えていることも広く知られている。

先駆けは一五年に東京・池袋にオープンした『海底撈火鍋《ハイディーラオフォーグオ》』だ。九四年、四川省成都市でスタートした同店は、二四年一月現在、中国の二四〇都市で約一三〇〇店舗を展開し、世界各国でもチェーン展開している。現在、日本の飲食店予約サイトで見ると、『海底撈火鍋』の平均単価は五〇〇〇円前後。幅広い層の中国人が足を運んでいる。

同店の成功のあと、次々と中国発のチェーン店が上陸した。一八年に高田馬場に一号店をオープンした『沙県小吃《シャーシエンシャオチー》』は福建省三明市沙県発のチェーンの軽食店。ワンタンや和え麵などが人気で、価格帯は一品五〇〇円前後。主に大学生など若者が顧客層だ。

以降、四川火鍋チェーン『潭鴨血《タンヤーシュエ》』、北京の老舗の羊肉しゃぶしゃぶ店『東来順《ドンライシュン》』など中国で人気の店が日本にやってきた。

コロナ禍以降、在日中国人が経営する単独の中華料理店も増えた。中国でも一時、「日本に旅行には行けないが、せめて料理は食べたい」ということで日本料理ブームが起きたが、日本でも同様に、異業種から参入した経営者が開業したり、他店からコックを引き抜いたりして、本格的な料理を提供するようになった。

これらは「ガチ中華」と総称され、従来、日本にあった広東、上海などではなく、湖南、貴州、武漢などの料理を提供する店が多い。価格帯はさまざまだが、それほど高くない。

ほかに中華系デザート・カフェ専門、ビャンビャン麺、牛肉麺などの麺料理専門、麻辣湯《マーラータン》（辛いスープ料理）専門店などがあり、「中間層」の在日中国人が訪れる。中国と同じく、日本の中国人社会も「中間層」の幅が広いので、それぞれの好みに合わせて、ガチ中華の細分化が進んだのではないか、と考えられる。

富裕層向けのガチ中華

近年、日本に移住してきた富裕層をターゲットにしたのか、新たな潮流として開店したのがガチな高級中華料理店だ。

その代表的な存在が台州料理。上海に近く、東シナ海に面した浙江省台州市の料理で、ここ数年、中国全土で急速に知名度を上げた。中国の知人によると、以前は台州自体、知名度が高い都市ではなかったが、『新栄記《シンロンジー》』という高級台州料理店が二一年に北京でミシュランに選ばれたことがきっかけで有名になった。

同店は九五年に創業。北京や上海の一等地に出店し、じわじわと評判を上げた。マナガツオやイシモチといった魚や蟹などの海鮮料理が有名。同店の成功を機に、他の台州料理店も台州以外の都市に出店するようになった。

ほかに寧波料理、潮州料理もメジャーになってきた。寧波は台州と同じく浙江省にあり、台州と上海の中間に位置する。有名なのは年糕《ニエンガオ》と呼ばれる餅で、海鮮などと炒めて食べる。寧波料理で有名になったのは『甬府《ヨンフー》』という高級料理店。『新栄記』と同様、大都市に出店して寧波料理の知名度を全国区にした。

都内で中華料理店を経営する中国人によると「十数年前は四川火鍋が若者の間で人気となり、それが全国区になり、日本にも上陸しました。しかし、コロナ禍により大人数で食べる鍋料理が敬遠され、目新しい料理を求める動きが生まれました。台州料理、寧波料理はそんな新しいトレンドを求めているグルメの間で有名になったのです。二〇二四年三月に東京・赤坂にオープンした『新栄記』は超高級。価格帯は一人五万円以上です。日本人富裕層と中国人富裕層を対象にしているのは明らかです」という。

「在日中国人の文化レベルを上げたい」

在日中国人全体の文化レベルを引き上げたいと考えているのは、東京華楽坊芸術学校の校長、何慧群氏だ。

何氏を紹介してくれたのは、都内で中国に関する日本語の出版物を複数発行し、文化イベントの企画、運営などを行うアジア太平洋観光社の社長、劉莉生氏。東京・六本木にオフィスがあり、多元文化会館というホールもある。劉氏は在日中国人社会で影響力のある人物の一人で、東京多元交響楽団の理事長もつとめている。

同楽団は一九年に設立され、在日中国人と日本人の演奏家で構成されている。二〇二〇年一月に初めて演奏会を行い、二四年二月には三回目の演奏会を成功させた。第4章で紹介した東京音楽大学の学生、殷俊傑氏もこの楽団員の一人だ。何氏も同楽団の運営に携わっている。二四年一月末、二月に開く同楽団の新年演奏会の数日前、イタリアから来日した指揮者を迎えて、東京・大久保で合同練習があるというので、何氏を訪ねた。

何氏は江西省の生まれ。〇六年に来日後、早稲田大学大学院でスポーツを研究したのち、一二年に民族楽器や華僑の子ども向けに芸術を教える東京華楽坊芸術学校を設立した。

「日本には数多くのオーケストラがありますが、在日中国人によるものはありませんでした。そもそも日本で管弦楽器をやっている中国人もまだ少ないです。英語が国際的な共通言語ならば、オーケストラは国際的に通用する音楽です。中国には民族楽器があり、民族楽団がありますが、ぜひ日本に中国人のオーケストラも作りたいということで劉さんたちと設立しました」(何氏)

楽団員は約七〇人で二〇代から六〇代が中心。現在は日本人のプロの演奏者が多数を占めているが、中国人も音大生、中国で演奏経験がある日本在住者、日本で演奏活動をしているプロの演奏者などが徐々に増えている。月に一回集まって練習し、演奏会も開く。毎年五月には新規メンバーのオーディションも実施している。

新年演奏会では、ヨハン・シュトラウスの喜歌劇『こうもり』序曲やロッシーニの歌劇『セヴィリアの理髪師』序曲、シベリウスの交響詩『フィンランディア』などのほか、春節の時期に中国で必ず耳にする『春節序曲』など、中国の音楽も数曲演奏した。

「西洋では、大みそかに『ラデツキー行進曲』を演奏するのが恒例ですよね。その曲を聞けば年越しだな、と感じます。それと同じように、春節の時期なので、『春節序曲』をオーケストラ用に直して演奏します。中国人の観客にとって馴染みがある曲なので、とても喜ばれると思います」（何氏）

公演当日、私も会場で聞いたが、確かに聞き覚えのある中国の曲が演奏されるたびに、会場はおおいに盛り上がっていた。

何氏は、華楽坊芸術学校で学ぶ子どもたちも、将来、同楽団のメンバーになることを想定しており、在日中国人の文化レベルをアップさせていきたいと話す。

同芸術学校は東京の大久保や品川のほか、横浜などに教室があり、それぞれピアノやヴァイオリンに加え、民族楽器である二胡、馬頭琴、古箏、琵琶、横笛などが学べる。東京近郊の中国人の子どもが通い、講師も中国人が中心だ。

「中国国内でも徐々に中学・高校、地方の都市に交響楽団ができ始めています。幼い頃からピアノやヴァイオリンなどを習っている子どもも非常に多い。日本にいる中国人の子どもたちにも、中国国内と同じように音楽を学ばせて、在日中国人全体の文化レベルを上げていきたいと思っています」

何氏はこのように語っている。

富裕層の移住で階層化が進んでいるのか

本書で取材した多くの中国人に、最近増えている富裕層の移住者についてどう思っているのかを尋ねてみた。

三〇代の男性は「(日本の中国人社会に)はっきりとした影響はまだ出ていないと思います。一部、不動産業界などは彼らのおかげで儲かっているかもしれませんが、人数もそれほど多くないので、影響は限定的だと思います」と語った。

別の三〇代の男性は「会社勤めの自分にはあまり関係がないし、その人たちとの接点もない。東京でも、ごく一部の人しか接点はないのでは……。地方に住んでいたら、もっと関係ないでしょう」と話していた。

富裕層の中国人が日本に増えてきたことで、階層化は起きていないか、と聞くと、多くの中国人が「それはない」と首を横に振った。

四〇代の男性は「中国で有名な企業の経営者や芸能人も移住しているようですが、それによって在日中国人の階層化が進むとは思いません。職業による違い、収入の差はありますが、あくまでもフラットな関係ではないでしょうか。

彼らの中には、中国と同じ生活を望み、お手伝いさんや運転手、専属シェフを雇いたいという希望もあると思います。そういう仕事の需要は増えて、在日中国人の雇用に貢献するかもしれませんが、現状ではまだそれほど人数は多くない。彼らが上の人間というわけではありません」と語った。

六〇代の女性も、「日本自体、海外に比べると格差が少ない国。階層化しにくい社会といえるでしょう。どんなにお金持ちでも、彼らが上、貧乏な人が下、というわけではない。その人たちに雇われない限り、自分には関係ない話です」という。

彼らが長く日本で暮らして日本人的な価値観を持つようになったのか、あるいは近年来日した富裕層に対して、あまりいいイメージを持っておらず、「階層」という言葉に、人間の上下というニュアンスを感じ取ったのか、拒絶的な反応を示された。その点、尋ね方について私に至らぬ点があったのかもしれない。

モラルの低い人がもたらす全体の悪評

だが、一人だけ、「少しずつ階層化が起き始めている」と答えた人がいた。第3章で、在日中国人社会について語った人だ。日本の中国人社会が「中国の縮図」「ミニチャイナ」と化してきているのなら、そういうことは当然起こり得る、という考えだった。

また、富裕層が日本に来たことで在日中国人社会が活性化してきた、とポジティブに話す人もいた。ただし、この人は「富裕層だからといってマナーがいいわけではなく、在日中国人が増えるにしたがって、マナーが悪い人も増えるのでは」と懸念する。富裕層自身が、日本でも中国と同じように「特権」を持っている、と勘違いしているのではないか、とも話していた。

五〇代の女性も「どんなに豊かになっても、中国では利益が何よりも優先される。お金がある、なしにかかわらず、心が貧しい人、モラルもわからない人がいます。そういう人の一部が日本にやってくると、日本に悪影響が及んでこないとも限らない」と心配する。弱肉強食の中国式スタイルが日本に持ち込まれる可能性があるという。

また、この女性によれば、免税制度などを利用して、中国に商品を転売して利ざやを稼ぐ違法行為を行う中国人が多数いた、と指摘する。そのため日本政府は二一年から免税制度について、外国人留学生を対象から外し、短期滞在者に限る措置を講じた。

この女性は「日本社会で、これまで信頼関係のもとで成り立ってきた制度を、一部の中国人が悪用しているのは事実です。私たちは、その一部の中国人によって、日本人から、在日中国人全体の信頼が失われることを恐れています」という。

さらに、この女性は二四年一月に発生した羽田空港地上衝突事故について話す。

「もし、あの事故が中国で起きていたら、自分の荷物を取り出そうとする人や、キャビンアテンダント（ＣＡ）に暴力をふるう人がいたかもしれません。そうしたら、脱出も遅れ、修羅場になってしまいます。ＣＡのいうことを真面目に聞いていた人が大半でも、たった一人の身勝手な行動が命取りになります。

あのニュースは、中国のＳＮＳでも多数閲覧され、日本人全体のレベルの高さを称賛している人が多かったですが、そういう点で、中国ではまだ個人差が大きく、それが多くの中国人を悩ませています」

また別の人は、中国の資本が日本に流入してきている中には、「ハゲタカ」となって日本企業を買収し、めちゃめちゃにしている例もあるという。そのため、きちんとした中国資本が日本の上場会社に真面目に投資話を持っていっても、日本人に信用されにくいと話していた。

家族全員中国人、家で話すのはすべて日本語

八〇年代から来日し始めた中国人の最年長は現在六〇代後半～七〇代であり、すでに日本に孫がいる人もいる。孫がハーフの場合や、一家揃って日本国籍を取得し、日本名を名乗る場合もある。

九〇年代～二〇〇〇年代に来日した中国人も四〇～五〇代で、多くの人に子どもがおり、在日中国人が次の世代に移り変わりつつある。

私は前著『日本の「中国人」社会』で紹介した趙剛氏を思い出した。彼は九三年、神奈川県生まれ。武漢出身の父親が留学の機会を得て来日し、彼が生まれた。両親は仕事で忙しく、生後二カ月で中国の祖父母のもとに預けられ、一歳で日本に戻ってきた。

中国人家庭によくあるように、祖父母が交代で来日して世話してくれ、家庭での会話は祖父母が話す武漢語（方言）のみだった。その後、保育園では日本語を話すようになったが、妹が生まれると、両親は家庭での言葉もすべて日本語に切り変えた。

両親の日本語は二〇代になってから学んだもので、聞けばすぐに中国人とわかる。しかし、子どもは自然な日本語を話す。そこで父親は日本語を子どもから教えてもらおうと思ったそうだ。これも家庭で日本語を話すことにした一因だ。

日本育ちの子どものアイデンティティ

私が知る限り、このような中国人家庭はかなり多い。両親は日本で仕事をしており、日本語は話せる。子どもは日本生まれか、幼い頃に来日しているため、日本語は完璧だ。子どももたいてい日本の学校なので、自然な流れでこういう選択肢になる。

言語は人間のアイデンティティや思考力と深く関係する。親がどのような方針で、子どもが話す言語を選ぶかは、子どもの一生に関わる重大な問題だ。

しかし親の思い、子どもの思いは少しずつ異なることを、私は取材で感じてきた。

日本のSNSで知り合った五〇代の中国人女性は、三二歳のとき来日した。夫婦には当時五歳の子どもが一人いたが、まず自分が日本の大学に入学し、日本の生活に慣れることが先決だったので、子どもを日本に連れてきたのは五年後だ。

「一緒に生活できるようになってうれしかったですね。子どもはすぐ日本の学校に馴染み、日本語も上達しました。中国人であることは隠してはいませんが、家族で日本国籍を取得したので、子どもも日本名を名乗っています。しかし、大きくなるにつれて、だんだん中国語を話そうとしなくなりました」

中国語を忘れないようにと、女性はできるだけ中国語で話しかけるものの、返事は日本語で返ってくることが増えた。

子どもはスポーツ推薦で高校、大学に進学した。大学時代にはフィリピンに一年間留学。インド旅行をしたり、ヨーロッパにも短期留学したりするなど活動的だ。しかし、この女性と一緒に帰省するとき以外、自ら中国旅行に行ったり、中国に興味を持ったりすることはなかった。

別の中国人ともこの問題について話してみた。その人の知り合いの子どもは、自身が中国人であることを隠しているといっていた。

「(いま二〇代の)その子が幼いとき、日本では中国のイメージが悪かったんですよね。そのせいもあって、自分は中国人だと友だちにいいたくないみたい。日本名を名乗り、出自を周囲に明かさない人はかなりいると思います。

でも、最近は東京の公立の学校に中国人だけでなく、外国人の子どもがかなり増えてきて、珍しい存在ではなくなった。中国のイメージも以前とは違うので、状況は変わってきたかもしれません」とその人はいった。

活躍の場が広がる一〇代、二〇代の二世

日中の貿易などを行う「中日興業」の代表取締役をつとめ、女優としても活躍する椎名静《せい》子《こ》氏は、母方の祖父が中国残留日本人孤児、祖母が中国人(母親がハーフ)、父親が中国人

だ。彼女は「私は四分の三、中国人です」という。

八〇年に黒竜江省ハルビン市で生まれ、八歳のとき家族とともに来日した。日本行きの飛行機の機内で、初めて日本語の五十音を勉強したという。

「東京の区立小学校で外国人は私一人だけでした。皆から好奇の目で見られ、いじめも受けました。中学生で劇団に入り、雑誌モデルになって、少しずつ人生が変わりましたが、中学のときもまだ中国人といえば貧乏、マナーが悪いというイメージを持っている人が多く、見下されたことを覚えています」と椎名氏は語る。

両親ともに働いていたため、放課後は近所の児童館に行って、そこにいたおばあちゃんから日本語を習っていた。

「そのおばあちゃんのおかげで日本語が好きになり、半年くらいで急に話せるようになりました。でも、その頃はなまりがあって、中国人であることを隠したかったので、正しい発音を身につけるため、すごく努力しました」（椎名氏）

椎名氏は大学を卒業後、中国の大連に渡り、高校で日本語教師をしたり、外資系ホテルで働いたりした。日本には一〇年ほど前に戻ってきて、父親が経営する会社を引き継いでいる。現在は自社の事業とも関係が深い埼玉県川口市の商工会議所青年部に所属し、日中友好イベントなどの運営にも関わっている。

先に紹介した川口駅前広場でのイベントにも携わり、「改めて、日本にはこんなに中国人が多いのかと驚きました。私は小学校から大学まで日本だったので、友だちは日本人がほとんどでしたが、最近は中国人の友だちが急に増えてきた。すごくうれしく思うのと同時に、時代の変化、転換期であることを感じます」と話す。

第3章で紹介した在日中国系メディアで働く杜海玲氏の娘、リーメイズム礼美氏は、日中ハーフの父親と中国人の母親の間に生まれたクオーターであることを公表している。

私は二三年末、彼女が歌手としてCDデビューする際にインタビューした。彼女は家庭では主に日本語を話し、大学では日本文学を専攻したが、幼い頃から母親が話す中国語を聞いて育ったので、中国語も話せるようになったと話していた。

そのため、日本語の歌だけでなく、日本語と中国語をミックスした歌詞の曲も制作。ライブではときどき中国語も披露し、中国や海外にもファンが増えている。

ほかにも、プロ雀士でタレントの岡田紗佳《さやか》氏、プロゴルファーの森田遥《はるか》氏、セキ・ユウティン氏、卓球選手の張本智和氏、張本美和氏など両親のどちらか、または両親とも中国人で、日本で活躍する一〇～二〇代が増加。中国人の間で彼らは「華二代《ホアアーダイ》」と呼ばれている。今後、文学界、音楽界、実業界など、あらゆる分野に「華二代」が増えていくだろう。

来日時期により言葉と教育事情は大きく異なる

中国人の「お見合いサイト」を立ち上げた呉氏も語っていたが、今後も日本に住むのか、中国に帰国するのかという選択も、子どもが話す言語に関わってくる。

早稲田大学国際教養学部に在籍していた中国語名を名乗る女性は、二時間ほど話して、ようやく「日本語がネイティブではないかも……」と感じるほど、ほぼ完璧な日本語を話した。彼女も家庭では日本語だったが、小学校入学前に両親から「日本の小学校に通いたいか、中国の小学校に通いたいか」を問われたという。

「幼かった私は、友だちがいる日本がいいと即答しました。その言葉を重く受け止めた両親は日本に骨を埋める覚悟をしました。私が大学に入った頃にその話を聞かされ、まさか、それほど重い質問だったのかと複雑な心境になりました。両親は、いつかは一家で中国に帰りたかったのではないかと思ったのです」

子どもの言語や教育は在日中国人一世を悩ませる問題だが、各家庭によって考え方や事情は異なり、一概にはいえない。

十年以上住み、日本に生活の基盤がある人は、子どもの将来を考え、日本語での教育に重点を置き、日本の有名進学校への進学を望むケースが多いようだ。子どもの学歴をできる限り高くしたい、という点では、中国に住む教育熱心な親と同じだ。

それに対し、最近来日した人の場合、考え方が異なることもある。第4章に登場した趙氏は、「ただ伸び伸びと育ってほしい」という考えを持っていた。中国式の詰め込み教育や、現政権の思想を反映した教育を我が子に受けさせたくないという思いが、日本移住を決意させた理由の一つでもあるからだ。

最近の移住者の多くが来日前まで日本との接点がなく、日本語がほとんどできないことも、子どもに日本の受験勉強を強いないことと関係している。

中国に住んでいたときのようにインターナショナル・スクールに通わせて、英語教育を続けさせる人もいる。こういうケースの人は、家庭で話すのは中国語になる。

このように、親のバックグラウンドや考え方によって、子どもの言語や進学先も変わってくる。

日本に形成される「中国世界」をどう認識するか

いま、在日中国人のボリューム層は二〇〜五〇代だが、六〇代以上も全体の約五％を占める。主に八〇年代にやってきた第一世代で、彼らの多くはすでに退職している。

中国にいる同世代の人々と同様に、孫の世話を生きがいとする人もいるし、趣味に熱心に取り組んでいる人もいる。日本各地を旅行して、その記録を在日中国系メディアに投稿し、ＳＮＳでシェアして、楽しんでいる人もいる。まだ元気な人が多いが、今後は介護、健康問題が大きくなってくるだろう。

在日中国人には介護福祉施設を買収している人もいて、「中国語ＯＫ」という施設もすでにある。留学で来日した人は日本語に問題ないが、仕事のために来日した人の中には日本語が不自由なまま高齢を迎えた人もいるので、今後、中国語をメインとした介護福祉施設の需要が高まっていくだろう。

一〇〇年以上前、横浜開港のときに来日し、横浜中華街などを形成した中国人（主に広東省出身者）は、その後日本に定住し、すでに四～五世代目に入っている。彼らの場合は「日本化」も進み、家庭内で日常的に中国語や広東語を話す人は、もはやほとんどいない。

八〇年以降に来日した中国人は日本に長い間住み続けるうちに、多様化、多層化が進んでいる。

最近、来日した「新・新華僑」の存在により、これまで日本になかった「中国世界」が生まれつつある。近年は中国人だけでなく、さまざまな国から日本に移住した人々が新たなコミュニティを形成している。大都市、とくに東京や大阪などに居住する多くの人が実感していることだろう。二〇五〇年代には人口の一割が外国人になるとの予測もある。

私たちは、同質性が高かった日本社会が急激に変容しつつあるというこの現実を、いまこそ認識するべきだろう。

エピローグ　日本で暮らし働いた黄さんのささやかな夢

あるマッサージ師、久々の帰省

二〇一八年に出版した『日本の「中国人」社会』のエピローグに「黄さんが日本で送った日々」という文章を書いた。

私の自宅近くでマッサージ師として働く黄さんの半生を綴ったものだった。黄さんは東北部の吉林省出身で、二七歳のときに来日。東京の溶接会社やスクラップ会社などで働き、三〇代後半でマッサージの仕事に就いた。本書執筆時点で五九歳になる。

私は月に一〜二度程度、黄さんの店にマッサージを受けに通っている。時折聞く苦労話は壮絶で、話を聞いていて、涙がこぼれてしまうこともしばしばあった。毎日夜遅くまで一生懸命働く黄さんの姿に、私はいつも励まされてきた。

その後も黄さんとのつき合いは続いている。いつも中国の家族の話や在日中国人の話などをいろいろ聞かせてくれる。

二三年末、店に行くと、「コロナ禍で四年半も帰省できなかったのですが、ようやく春節に帰省できることになりました」と、とても喜んでいた。一カ月半の長期休暇をもらえたのだ。

二四年一月末、黄さんは吉林省の省都、長春の龍嘉国際空港に降り立った。いつもは航空券が安い北京経由だが、奮発して東京からの直行便にしたので、着いたのは午後の早い時間だった。

八〇代の母親と出稼ぎから帰ってきていた弟、母親の介護をしてくれている妹が迎えに来ていた。

「いつもウィーチャットでビデオ通話していますが、母親の顔を見て、しっかりと手を握ったときは感動しました。母親も、私を空港まで絶対に迎えに行くのだと、数日前から風邪を引かないように体調を整えていたそうです」

スーツケースには家族への大量のお土産が入っていた。

日本滞在は三〇年になるが、これまでも春節にはほとんど帰れなかったので、家族で祝うことを楽しみにしていた。帰ったら、母親のマッサージをする、家の棚を修理すると事前にメモ書きし、それを実行した。今回はかなり長い休暇。母親とスーパーに行ったり、公園に出かけたり、のんびり過ごす時間ができた。

真っ黒な雪と商品サンプルのような野菜

久々の帰省で黄さんは気がついたことがあったという。

「大気汚染のひどさに驚きました。空気が悪くて息ができないくらい。一時期騒がれたＰＭ２・５（微小粒子状物質）もまだありました」

黄さんの家は工場地帯にある。マンションの窓を閉めていても、細かい砂の粒子のようなものが部屋に入ってくる。冬の吉林省はマイナス三〇度の極寒で雪も降るが、降ったばかりの雪も大気汚染で真っ黒になる。

六月頃に帰省することが多かった黄さんは、日本では長い間見なかった黒い雪にショックを受けた。

スーパーで見かけた野菜や果物がツヤツヤで、まるで商品サンプルのようだったことにも驚いた。

「私が幼い頃、東北部の冬は白菜くらいしかありませんでした。いまでは物流事情がよくなって、南からナスやキュウリが運ばれ、夏野菜も一年中食べられます。でも、よく見ると置物のようで、ナスの表面は絵具で塗ったようにきれいなんです。

兄がいうには、輸送に時間がかかるので、腐らないように薬品を振りかけてあるのだとか。そのことを皆知っているので、買ってきたら米のとぎ汁に数時間つける。農薬を除くための専用の洗剤もあります。以前から皆そうしていたのですが、私は中国に住んでいないので、そんな『中国生活の常識』すら知りませんでした」

春節時期だったので、家族や友人らと食事する機会も多かったが、レストランの食材も基本的に同じようなもの。だが、調味料の味が濃いので、皆、気にしないで食べているという。黄さんは「自分たちの世代はいいけれど、子どもや孫たちの世代はどういう影響が出るのだろう」と心配した。

久々の母国のマナーの悪さに落胆する

黄さんが憤るのは、食品の安全性だけでなく、中国人の考え方だ。

「農家だけでなく、中国ではどんな商売でも、お金さえ儲かればいいという考え方の人が多い。経営者も社会に貢献するという考え方ではなく、すべてお金のため。農家も消費者に美味しい野菜を食べてほしいとか、そういう理念はありません。

兄によると、ツヤツヤすぎておかしいという消費者の声が多いので、わざとニンジンに泥をつけて、掘りたてのように演出している農家もいるという話でした。もちろん、自分たち（農家）はそれを食べない。それを聞いて、本当に悲しくなりました」

黄さんが帰れなかった四年半、中国はコロナ禍もあり景気が悪いといわれているが、SNSを見る限り、人々は楽しそうに暮らしている。長く経済が低迷した日本に住む自分は三〇年間、ただ働くだけで、取り残されているような気になることさえあった。

だが、黄さんはいう。

「中国は発展した、人々のマナーもよくなったと聞いて、自分も喜んでいたのですが、今回の帰省でまず感じたのは自転車のマナーの悪さ。私が青信号で渡ろうとすると、平気で信号を無視して突っ込んでくる。

　私の実家近くは駐車場があまりないこともあって、皆、道路脇に勝手に自動車を止めています。三車線の道路でも一車線しか使えないこともしばしばでした」

　この話を聞いて、私は二二年一一月、新疆ウイグル自治区の高層マンションで火事が発生し、一〇人が亡くなった事故を思い出した。ゼロコロナの影響で、あちこちに検問所があったこともあるが、マンションの敷地内の自動車があまりにも無秩序に停められていたことも消防車の走行を妨げ、消火活動を滞らせた要因の一つといわれた。

「公園を散歩していたら、おばあさんが花を勝手に折って、それを手に孫と一緒にスマホで写真を撮り、その花を道端にポイ捨てしているのを見ました。あの行為を見たとき、私は絶望感に包まれました。その行為を見ていた孫も、大人になったら、きっと同じことをするだろう、と思ったからです」

　黄さんの愚痴は続いた。

「自分さえよければいい、他人の迷惑を考えない、ということに怒りを感じます。多くの人のマナーが悪いために、少数のマナーのいい人が犠牲になる。悪いほうに合わせるため、社会全体の効率も悪くなり、監視カメラなど、本来必要のないものも設置される。中国は経済発展しましたが、人々のマナーは置き去りにされた。少なくとも地方都市の状況は昔とあまり変わっていないと感じました」

自宅のベランダで「日曜大工」をするとき、周囲にもれる物音に気をつけたり、店で使うタオルをきちんと折り畳んだり、店内の清掃にも気を配る黄さんらしい発言だ。

日本語学校に通うことなく、お客さんから言葉を習い、勤勉な日本人のふるまいを見て、黄さんはお金よりも大事なものを学んできた。長く日本で暮らし、この社会のルールを守り、いつの間にか日本人以上に日本人らしくなった黄さんの言葉に、私はうなずくしかなかった。

そして、昨今の日本人のマナーの低下や日本社会の変容についても、口に出さないだけで、思うところがあるのではないだろうか、と感じた。

黄さんはまもなく六〇歳。まだあと数年仕事を続け、老後は庭仕事や「日曜大工」をしながら、大好きな日本で穏やかに暮らしたいという、ささやかな夢を持っている。

中国の発展からも、在日中国人社会の劇的な変化からも離れたところにいる黄さんだが、彼は間違いなく日本社会の一員だ。

長く帰省したため、母親はかえって寂しさが募り、東京に戻る際は初めて涙を浮かべたそうだ。

「次はいつ帰省できるかわからないが、少しでも長く働きたい」と黄さんは明るい笑顔で語っていた。

あとがき

二〇二〇年から新型コロナの流行が拡大し、中国への渡航が難しくなって、四年半の歳月が流れた。当初、私は、中国に住む人々とはオンラインや電話を使ってやりとりしていたが、次第にその機会は減っていった。個人的なつながりなので、私を避ける人はいなかったが、「日本のジャーナリスト」と接することで、彼らに迷惑が及ぶことが心配だった。

さまざまな意味で、世界における存在感が大きくなった中国。その政治・経済に関するニュースを目にしない日はない。だが、かの地に暮らす人々の生き方、考え方、暮らしぶりなどを知る機会は、かつてより少なくなっているように思う。

私についていえば、在日中国人との交流はコロナ禍以降、増えた。彼らとの本格的なつき合いは〇九年頃からなので、一五年くらいになる。

当初は留学生への取材が中心だったが、インバウンド市場が拡大した一四年頃からは、三〇～五〇代の事業家や会社員の知人が増えた。彼らを介して「今の中国」を知ることができたのは、ありがたいことだった。

数百人にも及ぶ在日中国人との交流を深める過程で、彼らが日本に長く住むうちに、「独自の世界」を築き上げている、と感じたことが、本書を執筆したきっかけだ。私たちはすぐそばにいる隣人のことを、ほとんど何も知らないのではないか、そう考えた。

とはいえ、私が知る方々は約八二万人以上に上る在日中国人の一％にも満たない。一四億人が住む中国はもちろん、日本の一都道府県の人口に相当する在日中国人のすべてを理解することは困難だ。

そのため、本書で紹介したエピソードは、彼らのごく一部の姿を著すものでしかなく、本書で述べた見解は、私なりの視点によるものであることをお断りしておきたい。

どんな社会についても、客観的に分析し、（その社会の）外の人にわかりやすく紹介するのは非常に難しい。長い間、取材・執筆の仕事をしているが、それを改めて痛感している。

本書はほとんど書き下ろしであるが、一部、『週刊現代』(二〇二三年九月三〇日、一〇月七日号)、『現代ビジネスオンライン』に掲載した記事を改稿、引用した。

最後に、本書の企画立案から執筆まで、日経ＢＰの野澤靖宏氏と石純馨氏には大変お世話になりました。ありがとうございました。

２０２４年７月

中島　恵

中島 恵 なかじま・けい

ジャーナリスト。1967年、山梨県生まれ。北京大学、香港中文大学に留学。主な著書に『中国人エリートは日本人をこう見る』『中国人の誤解 日本人の誤解』『なぜ中国人は財布を持たないのか』『日本の「中国人」社会』『中国人は見ている。』『いま中国人は中国をこう見る』『中国人が日本を買う理由』（以上、日経プレミアシリーズ）、『中国人のお金の使い道』（PHP新書）などがある。

日経プレミアシリーズ｜516

日本《にほん》のなかの中国《ちゅうごく》

二〇二四年 九 月 九 日 一刷
二〇二四年一一月二五日 三刷

著者 中島 恵
発行者 中川ヒロミ
発 行 株式会社日経ＢＰ
日本経済新聞出版
発 売 株式会社日経ＢＰマーケティング
〒一〇五―八三〇八
東京都港区虎ノ門四―三―一二

装幀 ベターデイズ
組版 マーリンクレイン
印刷・製本 中央精版印刷株式会社

ISBN 978-4-296-12019-2 Printed in Japan

日経プレミアシリーズ497

中国人が日本を買う理由

中島　恵

高成長が曲がり角を迎え、コロナ禍以降は社会に息苦しさも感じる――。ここ数年、中国人が母国を見る目が変わりつつある。そして彼らは日本に目を向ける。食事、教育、文化、ビジネス、社会……。どんな魅力を感じるのか。豊富な取材により、多くの中国の人々の声から浮かび上がる、新しい日本論。

日経プレミアシリーズ470

いま中国人は中国をこう見る

中島　恵

近隣諸国を脅かす覇権主義、人権問題などで世界から厳しい視線を浴びる中国。そんな母国に、中国人自身はどんな思いを抱くのか。日本やアメリカへの「上から目線」、政治的不自由への不安、競争経済が生んだ格差への不満と共同富裕への喝采……。ふだん本音で取材を受けることのない彼ら、彼女らが匿名を条件に何を語ったのか。見えざる隣国の真実がわかる一冊。

日経プレミアシリーズ393

日本の「中国人」社会

中島　恵

日本の中に、「小さな中国社会」ができていた！　住民の大半が中国人の団地、人気殺到の中華学校、あえて帰化しないビジネス上の理由、グルメ中国人に不評な人気中華料理店――。70万人時代に突入した日本に住む中国人の日常に潜入したルポルタージュ。